LE LIVRE
DES SEIGNEURS,
OU
LE PAPIER TERRIER
PERPÉTUEL,

Qui indique la maniere de renouveller les Terriers & de les rendre utiles à perpétuité, pour la conservation des Droits de la Seigneurie.

A PARIS,
Chez L. CELLOT, Imprimeur - Libraire, rue Dauphine.

M. DCC. LXXVI.

AVEC APPROBATION, ET PRIVILEGE DU ROI.

TABLE

DES SOMMAIRES.

AVERTISSEMENT.

NOTIONS PRÉLIMINAIRES.

SUR LES SEIGNEURIES EN GÉNÉRAL.

NOTIONS SUR LE DOMAINE.

NOTIONS SUR LA FÉODALITÉ.

NOTION SUR LES CENSIFS.

PREMIERE PARTIE.

LA RENOVATION DU TERRIER.

CHAPITRE PREMIER.

L'arrangement des Titres du Chartrier.

CHAPITRE SECOND.

Extraits des actes, pieces & mémoires.

ARTICLE I.

Extraits d'actes en général.

ARTICLE II.

Extraits d'actes du Domaine.

ARTICLE III.

Extraits d'actes féodaux.

ARTICLE IV.

Extraits pour les Censifs.

ARTICLE V.

ARTICLE VI.

Extraits des Minutes des Notaires.

ARTICLE VII.

Extraits des Pieces du Greffe.

ARTICLE VIII.

Extraits des comptes des Receveurs.

ARTICLE IX.

Extraits des cueilloirs.

ARTICLE X.

Extraits des Procès.

ARTICLE XI.

Extraits de Mémoires & Pieces sans date.

CHAPITRE

CHAPITRE TROISIEME.

Pendant l'arrangement des Titres, & leurs Extraits, on fait faire l'arpentage de la Terre.

CHAPITRE QUATRIEME.

Les Assignations données aux Vassaux & Censitaires, pour exhiber leurs titres & reconnoître le Seigneur. Tarif des Droits dus aux Officiers pour les Actes féodaux. Saisie des biens de ceux qui sont refusans ou délayans de comparoître.

ARTICLE I.

Assignations données aux Vassaux & Censitaires, pour exhiber leurs titres, & reconnoître le Seigneur.

ARTICLE II.

Tarif des Droits qui doivent être perçus par le Juge, les Notaires, Sergens & Arpenteurs.

ARTICLE III.

Saisie des biens de ceux qui ne fournissent pas leurs actes de foi & hommage, aveux, dénombremens & titres.

CHAPITRE CINQUIEME.

Exhibition & extraits des Titres des Vassaux & Censitaires, copies collationnées d'iceux. Réception de leurs foi & hommage, aveu, dénombrement, & déclaration. Vérification ou blâme d'iceux. Paiemens des profits échus.

ARTICLE I.

Exhibition & extraits des Titres des Vassaux & Censitaires.

ARTICLE II.

Réception des foi & hommage, aveux, dénombremens, & déclarations. Vérification ou blâme d'iceux.

SECTION I.

Réception des foi & hommage, aveux & dénombremens. Vérification ou blâme d'iceux.

SECTION II.

Réception des Déclarations. Vérification ou blâme d'icelles.

ARTICLE III.

Paiement des Profits échus.

CHAPITRE SIXIEME.

La confection des aveux que le Seigneur est tenu rendre à ses Suzerains.

CHAPITRE SEPTIEME.

La confection du Papier-Terrier, & la conformation des plans aux Titres

ARTICLE I.

La confection du Papier-Terrier.

ARTICLE II.

ARTICLE III.

SECONDE PARTIE.

LA MANUTENTION DU TERRIER.

CHAPITRE PREMIER.

Faire les extraits de toutes les pieces nouvelles du Domaine & des Fiefs qui viennent d'être faites lors de la rénovation du Terrier. Dresser un cueilloir pour le censif. Etablir la conférence réciproque des plans de l'arpentage, du Terrier pour le Domaine, & les Fiefs compris audit arpentage, & du cueilloir pour le censif.

ARTICLE I.

Faire les extraits de toutes les pieces nouvelles du Domaine & des Fiefs qui viennent d'être faites lors de la rénovation du Terrier.

ARTICLE

ARTICLE II.

Dresser un cueilloir pour le censif.

ARTICLE III.

Etablir la conférence réciproque des plans de l'arpentage, du Terrier pour le Domaine & les Fiefs compris en l'arpentage, & du cueilloir pour le cenſif.

CHAPITRE SECOND.

Le bon ordre établi & conſervé dans les différentes parties du Chartrier, des titres, extraits, Terriers, & cueilloir.

CHAPITRE TROISIEME.

L'exactitude qu'on doit avoir à faire servir la Seigneurie, & à continuer les Terriers.

ARTICLE I.

Faire servir la Seigneurie par ses vassaux.

ARTICLE II.

Faire servir la Seigneurie par les Censitaires.

CHAPITRE QUATRIEME.

L'attention à reporter les indications de toutes les pieces, & de tout ce qui se passe dans la Seigneurie, dans les places destinées auxdites indications.

CHAPITRE CINQUIEME.

Comment le Seigneur de la Terre doit veiller à la manutention de son Terrier.

Fin de la Table des Sommaires.

LE

LE LIVRE
DES SEIGNEURS,
OU
PAPIER-TERRIER
PERPÉTUEL.

AVERTISSEMENT.

I. *Utilité des Papiers-Terriers.*
II. *Plan de cet Ouvrage.*
III. *Cet Ouvrage est entiérement différent du* Traité de la Perfection & Confection des Papiers-Terriers généraux du Roi, *par M. Bellamy, imprimé en 1746, chez Paulus Dumesnil.*

I. LES HÉRITAGES des vassaux & des censitaires sont exposés à différentes mutations de propriété, par ventes & successions. Ceux qui sont d'une grande étendue se divisent entre des enfans ou des collatéraux, ou se morcelent pour subvenir à la nécessité des affaires du Propriétaire. Souvent aussi ils se réunissent sur la tête d'un héritier de plusieurs parens, ou d'un pere de famille aisé qui s'étend autour de lui; quelquefois par l'injustice d'un usurpateur. La nature même du terrain change aussi par la volonté des Propriétaires, qui mettent en pré, en bois ou en vigne, des terres labourables, & *vice versâ*. On veut tirer de son héritage le parti le plus avantageux; &, suivant les idées qu'on se forme de ces différens revenus, on dénature le fonds & on le tourne du côté qu'on croit le plus utile. Les tenans, même immuables, qui pourroient donner de la consistance à la situation des biens, ne laissent pas de varier. Un chemin cesse de l'être, parce qu'il s'en est ouvert un plus commode. Les rivieres même & les ruisseaux changent quelquefois leur lit. Au milieu de tant de variations, qui pourroit reconnoître les rentes, & autres droits dus sur chacun de ces héritages, lors de la concession originaire, ou même lors des aveux ou déclarations rendus anciennement par les vassaux & censitaires? Encore n'est-ce pas la seule cause de la perte de ces droits. Non-seulement le tems qui amene les mutations, en dérobe nécessairement la connoissance aux Fermiers à qui les Seigneurs donnent la perception de ces revenus; mais la fraude de ces hommes qui ne sont intéressés que pour le tems de leurs baux, & leur connivence avec les redevables de ces droits, en font disparoître une partie aux yeux d'un preneur du bail suivant. C'est à tant de désordres que doit remédier le Terrier d'une Seigneurie. Il doit rendre au Seigneur tous les droits de sa Terre, lui en montrer tous les titres, & lui assigner avec certitude les héritages qui y sont sujets : il y recouvrera même plusieurs parties de son domaine qui peuvent avoir été usurpées. On tâchera dans cet Ouvrage, d'indiquer tous les moyens de faire vivre pendant un long tems les fruits de ce travail.

II. Le premier titre de ce Livre annonce l'utilité dont on croit qu'il pourra être aux Seigneurs. Rien de plus avantageux qu'un Papier-Terrier pour conserver les droits d'une Terre. Le second titre annonce deux objets : le premier de renouveller le Terrier d'une Seigneurie, & à cet égard on supposera les titres dans le plus grand désordre : le second objet est, après que ce Terrier sera une fois fait, de le rendre utile à perpétuité, de façon qu'il puisse être facilement continué, & qu'il ne soit pas besoin de revenir à un ouvrage si grand & si dispendieux. On y suppose un Seigneur qui entre dans une Terre ; car le Seigneur qui y seroit depuis long-tems sans s'être fait servir, est dans la même position que celui qui y entre : on suppose encore qu'il a fait la foi & hommage ; c'est la premiere démarche nécessaire pour se mettre à couvert de la saisie féodale ; il faut demander du tems pour rendre son aveu ; si on ne l'obtient pas, voyez PREMIERE PARTIE, chapitre VI, N° VII. la ressource que le Seigneur peut employer.

Le double objet qui a été annoncé produit deux parties de cet Ouvrage.

I. PARTIE. La renovation du Terrier.

II. PARTIE. La manutention d'un Papier-Terrier, pour le conserver à perpétuité.

La RENOVATION DU TERRIER a plusieurs parties.

1°. L'arrangement des titres du Chartrier.

2°. L'extrait desdits titres, & de toutes les pieces concernant la Seigneurie.

3°. Pendant ces deux opérations il faut faire l'arpentage de la Terre, dresser les plans, & faire les relevés dudit arpentage.

4°. Les assignations données aux vassaux & censitaires pour exhiber leurs titres, & reconnoître le Seigneur. Le tarif des droits dus aux Officiers pour les actes féodaux. Les saisies des biens de ceux qui sont refusans ou dilayans de comparoître.

5°. Exhibition & extraits des titres des vassaux & censitaires. Réceptions des foi & hommage, aveux & dénombremens, & déclarations qu'ils doivent rendre. Vérification ou blâme d'iceux. Paiement des profits échus.

6°. La confection des aveux que le Seigneur est tenu rendre à ses Suzerains.

7°. La confection du Papier-Terrier : la conformation des plans aux titres : les plantations de bornes.

La MANUTENTION DU TERRIER pour le conserver à perpétuité consiste, 1°. à faire les extraits de toutes les pieces nouvelles qui viennent d'être faites dans la renovation du Terrier. Dresser un cueilloir pour le censif. Etablir la conformité réciproque des plans de l'arpentage, du Terrier pour le Domaine & les censifs compris en l'arpentage, & du cueilloir pour le censif.

2°. Dans le bon ordre établi & conservé dans l'arrangement des parties du Chartrier, des Titres, Extraits, Terrier & cueilloir.

3°. Dans l'exactitude à faire servir la Seigneurie, & à continuer les Terriers.

4°. Dans l'attention à reporter les indications de toutes les pieces, & de tout ce qui se passe dans la Seigneurie, dans les places destinées à ces indications.

5°. Comment le Seigneur de la Terre doit veiller à la manutention de son Terrier.

Quand on aura vu le détail des opérations qu'il faut faire pour le renouvellement d'un Papier-Terrier, on dira que si les droits seigneuriaux sont l'honneur d'une Terre, & une belle partie de son revenu, c'est aussi une espece de biens dont les réparations sont considérables.

Cependant il ne faut point se laisser effrayer de la multitude de ces opérations, il faut se roidir contre cette apparence. On verra que la plus grande partie sont des opérations qui ne se font qu'une fois, & à l'égard des autres, qu'elles sont fort simples, & très-faciles quand on les a exécutées seulement pendant une huitaine de jours.

III. Quoique le titre du Traité de M. Bellamy porte aussi qu'il est destiné aux Papiers-Terriers des Seigneurs patrimoniaux, il n'a cependant rien de commun avec cet Ouvrage-ci. Le premier prescrit des extraits de titres qui en supposent l'arrangement préalable; il prescrit un Terrier où se trouvent le domaine, les fiefs, & le censif; mais il ne donne aucune regle pour se conduire dans ces opérations importantes. Cependant il est arrivé de là que ces opérations étant souvent mal entamées, elles ont promptement échoué. On verra par le détail des regles qu'on va donner, qu'il faut faire bien des réflexions sur cette matiere avant de l'entreprendre. Son Traité ne donne aussi aucune voie pour perpétuer l'usage d'un si grand travail; c'est ce qui fait qu'on n'a point le courage de s'y livrer: on y voit une utilité si passagere qu'on se départit fort facilement d'un Ouvrage coûteux & pénible.

Ce sont ces points si intéressans qui font l'objet de ce Traité-ci, & il est peut-être un moyen nécessaire pour rendre utile celui de M. Bellamy à l'égard des Terriers du Roi. Quand on a pris quelque chose de son Traité, on lui a rendu la justice de le citer. On a tâché de mettre dans celui-ci tout ce qu'il est nécessaire de savoir pour renouveller & perpétuer les Terriers des Seigneurs.

Tout ce qui sera dit ici du Comté de Rostaing, peut avoir lieu pour toute autre Terre. Il a été pris pour exemple, parce qu'il a été l'occasion de ce Traité en 1754. Ce Comté est situé près Blois, sur les bords de la Loire. Il est composé des Comtés de Bury & d'Onzain réunis ensemble, & érigés en Comté de Rostaing pour le Comte de Rostaing, ses Hoirs, & Ayans-cause, par Lettres-Patentes de Février 1642, registrées au Parlement & en la Chambre des Comptes de Blois.

Les opérations décrites dans cet Ouvrage ont été exécutées pour ce Comté, & pour plusieurs autres Terres très-considérables. Ce n'est pas un de ces simples projets de Terriers, qui n'ayant point été exécutés, sont toujours susceptibles d'une multitude d'inconvéniens.

NOTIONS PRÉLIMINAIRES.

Il faut d'abord prendre quelques notions générales sur l'origine des Seigneuries & du Droit Féodal & Censuel, & sur leur état actuel: connoître l'intérêt que les Seigneurs ont de faire & continuer leur Papier-Terrier: avoir quelques idées précises sur les Domaines, les Fiefs & les Censifs. Avec le tems, & en parcourant les titres, on en recueille de particulieres sur la Terre à laquelle on travaille.

SUR LES SEIGNEURIES EN GENERAL.

I. (1) *Leur origine.*

I.1. *Origine des grands fiefs de la Couronne.*

I.2. *Origine des censifs ès mains des Seigneurs grands Vassaux de la Couronne.*

I.3. *Origine des fiefs ressortissans aux Vassaux du Roi, & de tous les arrieres-fiefs.*

II.1. *Etat actuel des fiefs & arrieres-fiefs.*

II.2.1. *Ils sont devenus communs aux Nobles & aux Rouriers.*

II.2.2. *Origine du Droit de Francs-Fiefs.*

III.1. *Origine du Droit Féodal.*

III.1.1. *Exclusion des filles.*

III.1.2. *Souffrance accordée aux enfans.*

III.1.3.1. *Serment de foi & hommage lige dû par les Vassaux.*

III.1.3.2. *Aveux & dénombremens par eux dus.*

III.1.4. *Causes de saisie féodale.*

III.1.5.1. *Origine des profits Seigneuriaux dus au Roi en cas de vente.*

III.1.5.2. *D'où vient ne sont dus par la mort du pere.*

III.1.5.3. *Origine du Droit de rachat en collatérale.*

III.1.6. *Origine du Droit de prélation, qui a été imité par le retrait féodal.*

III.2. *Origine du Droit censuel.*

III.2.1. *Le cens annuel.*

III.2.2.1. *Profits en cas de vente.*

III.2.2.2. *Non dus en cas de mort; pourquoi.*

III.2.3. *Le retrait censuel.*

III.2.4. *Les déclarations dues à chaque mutation.*

IV.1. *Etat actuel du Droit féodal.*

IV.1.1. *Il n'y a, ou ne doit plus y avoir d'hommages liges par les Seigneurs.*

IV.1.2. *Prestation de foi & hommage aveu, & dénombrement.*

IV.2. *Etat actuel du Droit de censif.*

(1) Les principales divisions seront marquées par des chiffres romains, les sous-divisions par des chiffres arabes; & les arrieres-sous divisions par des chiffres arabes-supérieurs.

IV. 2.[1] *Exigence des déclarations.*
IV. 2.[2] *Paiemens des profits.*
V. *Les Seigneurs maintiennent exactement l'étendue de leurs Seigneuries.*

L'ORIGINE des Seigneuries & du droit féodal est très-incertaine. Quelques Auteurs la font remonter jusqu'aux Romains, d'autres en fixent l'époque à la premiere race de nos Rois, d'autres à la seconde, & d'autres à la troisieme.

Edit. de 1741, in 4. pag. 3.

Poquet de Livonieres * préfere cette derniere opinion dans son Traité des Fiefs. « Les Ducs & les Comtes, dit-il, qui étoient Gouverneurs des » Provinces & des Villes, s'étant emparés de leurs Duchés & Comtés sous » Hugues Capet, & ayant commencé à les posséder héréditairement, ils » distribuerent à leurs parens & amis, avec une pleine propriété, les Do- » maines Royaux qu'ils accordoient auparavant sous l'autorité royale, en » bénéfice ou à vie.

Cette opinion, qui ne présente qu'une invasion de la part des Seigneurs, & qui établit la propriété des fiefs entre leurs mains sans le concours de nos Rois, ne paroît pas s'accorder avec les droits de rachat, de quint, de prélation, & autres dont ils jouissent dans les grands fiefs de la Couronne. Or, ces grands fiefs renferment presque tous les autres fiefs. Tous ou presque tous relevent du Roi médiatement ou immédiatement. Comment concilier l'invasion de l'anarchie avec une dépendance si générale ?

Dumoulin, dans sa Préface sur le titre des fiefs, N°. 12 & suivans, rapporte l'origine des fiefs aux François, non-seulement dès la premiere race de nos Rois, mais encore avant qu'ils fussent entrés dans les Gaules.

L'opinion de ce grand Homme paroît préférable, & sans vouloir induire aucune propriété générale des biens conquis par les François, qui fut transmise exclusivement à leurs Rois, il paroît évident que comme Chefs de l'Etat, les Rois ont, pour le bien de la Nation & par son consentement, distribué à leurs Généraux les biens qu'ils avoient conquis en commun pour l'Etat; qu'ils leur furent donnés d'abord pour en jouir viagerement à cause de leurs services personnels, comme aux féaux & fidèles du Roi ; & ensuite héréditairement pour les causes qui vont être développées dans le plan qui suit, & qui nous a paru plus propre à donner une idée générale des Seigneuries.

I. La distinction des terres en nobles & roturieres vient du génie qui animoit la Nation dans les premiers momens de la conquête qu'elle fit des Gaules. Elle ne connoiſſoit de vraie nobleſſe que dans l'exercice militaire; & comme tous les François étoient guerriers, ils ſe regardoient tous comme des Nobles, & toute la Nation conquiſe & dépouillée de ſes armes, n'étoit à leurs yeux qu'une roture mépriſable deſtinée à la culture des terres. De cette conquête les Rois ſe firent un Domaine, I. 1. & diſtribuerent le reſte aux Nobles qui avoient ſoutenu avec eux les travaux de la guerre.

III.1. (1) Une ſeule charge étoit impoſée, c'étoit le ſervice militaire. Au premier ſignal, tous ces Nobles ſe raſſembloient, & portoient les armes ſous les ordres du Prince, après que la guerre avoit été réſolue dans l'aſſemblée de la Nation.

III.1.1. Dans cette eſpece de bien qu'on appelloit fief, *feudum*, parce que le Prince en avoit fait la diſtribution à ſes féaux & fideles ſujets, les filles incapables d'être admiſes au ſervice militaire, étoient également incapables de poſſéder des fiefs : c'eſt pour cette raiſon qu'on les voit toujours ſi maltraitées, par preſque toutes les Coutumes, dans la ſucceſſion aux fiefs.

III.1.2. Les enfans mâles, mais dans un âge trop tendre pour porter les armes, étoient ſoufferts dans le fief, à cauſe des ſervices de leurs peres, & dans l'eſpérance de ceux qu'ils rendroient un jour. On ne les obligeoit pas à faire le ſerment de défendre le Prince, dû par tous les Vaſſaux; mais ils étoient obligés de demander ſouffrance, juſqu'à ce qu'ils euſſent l'âge de porter les armes; alors ils étoient admis au ſerment.

III.1.3.1. Les hommes qui ſuccédoient à leur pere, dans la force de l'âge, étoient obligés à prêter le ſerment, & à faire cette foi & hommage dans les 40 jours depuis le moment où ils étoient devenus propriétaires du fief.

III.1.4. S'ils y manquoient, le fief étoit cenſé ouvert, & à défaut d'homme, le Prince s'en ſaiſiſſoit féodalement, juſqu'à ce qu'un Vaſſal ſe fût préſenté pour lui faire la foi.

III.1.3.2. Quelque tems après la foi faite, ils devoient rendre aveu & dénombrement, c'eſt-à-dire donner le détail de leur fief, afin que le Prince vît s'ils le conſervoient en entier.

(1) Le déſordre des chiffres dans ces Notions préliminaires, vient de ce qu'on y a ſuivi l'ordre hiſtorique au lieu du plan didactique obſervé dans la Table des Matieres. Ce déſordre ne ſe trouvera qu'ici.

III.1.5.1. Ces Vassaux Nobles ne pouvoient d'abord vendre leurs fiefs qui devoient retourner à la Couronne à défaut d'hoir mâle; mais ceux qui n'avoient que des filles, & qui voyoient que ces biens sortoient de leur famille, sans espérance d'y rentrer; & plusieurs autres déterminés par différentes raisons de mutation, demanderent au Prince de se relâcher de la rigueur de ce droit, & obtinrent la permission de vendre leurs fiefs. Mais afin de rendre ces mutations moins fréquentes, ils furent soumis à payer certains droits à chaque mutation qui arrivoit dans le fief. Telle est l'origine du quint & requint, ou autres droits dus en cas de vente.

III.1.5.2. Quand les mutations arrivoient par la mort des peres & meres, les Rois n'exigeoient que la bouche & les mains; il n'étoit point dû de droit, la succession du pere au fils ne s'écartant pas du plan des récompenses accordées au service militaire.

III.1.5.3. Quand elles se faisoient dans la ligne collatérale, les Princes ne reprenoient point le fief; mais afin d'user en partie du droit de rappel du fief au Domaine de la Couronne, ils prenoient le revenu du fief pendant une année, ou une somme équivalente au dire de Prudhomme, & cela s'appelloit rachat, la famille rachetant le fief pour cette partie du revenu.

III.1.6. Les mutations par vente donnerent lieu à un autre droit. C'étoit bien la moindre chose que dans le cas où le vassal se dessaisissoit du fief, le Roi eut droit de faire entrer dans le fief un nouveau vassal qui lui fût agréable. Aussi a-t'il toujours exercé le droit de prélation par lequel il retire le fief vendu, & l'unit à son Domaine s'il le veut, ou cede son droit de prélation à qui il juge à propos, en remboursant l'acquéreur de ses frais & loyaux coûts. Telles sont à peu près les loix des fiefs, qui s'établirent sans doute dès leur naissance.

I.2. On ne voit encore jusqu'ici aucun bien roturier. Cependant leur origine n'est point éloignée de celle des fiefs. Dès que les Seigneurs François se virent en possession des fiefs, ils s'en formerent comme le Prince un Domaine, dont ils jouissoient par eux-mêmes, & qu'ils faisoient cultiver par les vaincus. III.2. Mais si ces Domaines étoient d'une trop grande étendue pour veiller à toute leur administration, ils en donnoient une partie aux gens du Pays, III.2.1. à la charge de leur en faire une redevance annuelle, appellée cens, qui approchoit beaucoup du revenu annuel, quoique ce ne fussent que des deniers par arpent, ce qui aujour-d'hu d'hui ne répond point à la valeur du produit annuel des terres; mais c'est un effet de la seule abondance des monnoies, qui s'est accrue avec tant de profusion, & a réduit presque à rien celles qui avoient cours dans des tems plus reculés. Quelquefois cette redevance étoit en nature de fruits, & on l'appelloit champart, terrage ou autrement. Ces biens, donnés à gens roturiers sans charge de service militaire, mais à redevance annuelle, furent réputés roturiers. Ainsi la charge à laquelle est donné un bien, fut, & est encore ce qui le rend noble ou roturier.

III.2.2.1. Quand il arrivoit des mutations par vente, les Seigneurs prenoient des droits, comme le Roi en prenoit sur eux quand ils vendoient leurs fiefs. Ces droits étoient le douzieme denier du prix de la vente, ou tel autre droit qui prévalût en coutumes, & qui a été fixé lors de leurs rédactions.

III.2.2.2. Les Seigneurs ne prenoient point de droits sur leurs censitaires dans le cas de succession collatérale. Ce n'étoit plus là le génie des fiefs, qui naturellement devoient retourner à la Couronne après la mort du vassal, & qui ne restoient que par indulgence entre les mains des collatéraux. La concession à cens étoit une vraie aliénation à titre onéreux, qui restoit à perpétuité dans la famille de celui qui l'avoit acquise.

III.2.3. Les Seigneurs avoient cependant deux droits à l'égard de ces biens roturiers, le premier de les réunir à leur Domaine en cas de vente par le censitaire, tant qu'ils n'avoient pas reconnu la vente par l'ensaisinement.

III.2.4. L'autre droit étoit celui d'exiger à chaque mutation de censitaire une déclaration des biens par lui possédés dans sa censive.

I.3. Tel fut le premier état des fiefs dans lesquels on voit entre les mains du Roi un Domaine & des vassaux; & entre les mains de ses vassaux un Domaine & des censitaires. On ne voit point encore de vassaux dépendans des vassaux de la Couronne. Et en effet, ce n'étoit point le plan de la Nation dans les premiers momens de sa conquête. Il ne convenoit pas à un Sujet d'avoir des vassaux qui lui promissent un service militaire. Le service militaire n'étoit dû qu'au Prince pour l'intérêt de la Nation. Mais la France a vu deux différentes révolutions dans lesquelles la puissance des Rois fut presqu'entiérement éclipsée par l'autorité que les Seigneurs avoient usurpée. Cette puissance ainsi partagée, ne fit que jetter le Royaume dans le désordre si déplorable des guerres civiles. Chacun de ces Seigneurs voulut étendre son autorité aux dépens des Seigneurs voisins. Dans cette espece d'anarchie, chacun des Seigneurs voulut se procurer des secours, ou pour se défendre ou pour attaquer. Ils se servirent des mêmes moyens que les Rois avoient employés pour en trouver dans les besoins du Royaume. Ils se firent des vassaux de gens pauvres, mais nobles, & capables, selon le goût de la Nation, de porter les armes, & leur donnerent une partie de leur Domaine, à la charge du service militaire, & de la foi & hommage lige.

IV.1. Dans cette espece de fiefs établis à l'imitation des Grands Fiefs de la Couronne, on suivit, & on suit encore toutes les mêmes loix que celles qui avoient été établies pour les grands Fiefs.

I.3. Ces nouveaux vassaux pour se maintenir ou s'étendre, firent des arrieres-vassaux ; & c'est ce qui a produit cette filiation de vassaux & arriere-vassaux, qu'on voit aujourd'hui conduite jusqu'à quatre & cinq subdivisions : car elles n'avoient de bornes que jusqu'à ce que le fief fût devenu si petit que le Propriétaire du fief ne pût faire de guerre aux autres par ses vassaux, & fût obligé de se réduire à être maintenu dans son fief par la puissance de son suzerain, à qui il ne manquoit pas en cas de mutation, de fournir le dénombrement de tout ce qu'il tenoit de lui, afin de pouvoir dans le besoin implorer son secours.

II.1. depuis que la paix est revenue entre les Seigneurs François, par la politique du Cardinal de Richelieu, qui les a attirés à la Cour, où ils s'estiment & reconnoissent heureux de servir nos Rois, & d'y recevoir d'eux des récompenses dignes des services qu'ils rendent à l'Etat, ils ne regnent plus dans leurs Terres aux dépens de la Nation, & on ne voit plus de ces guerres intestines.

IV.1.1. Aussi les hommages liges & la promesse du service militaire sont-ils presqu'entiérement éteints dans les foi & hommages qui sont rendus aux Seigneurs. Il semble même que la Nation ait une espece de honte de cette barbarie si long-tems exercée dans son sein. On n'ose plus dire qu'un particulier promet, par un acte public, de défendre par les armes un autre particulier, son Seigneur. Le port d'armes n'est plus permis que pour le bien de la Nation, & par le commandement du Prince.

IV.1.2. La très-grande partie des actes ne contiennent plus que de simples foi & hommage : il n'y a presque plus que celles qui sont rendues au Roi, qui portent la foi & hommage lige.

II.2.1. Ces biens sont même devenus communs aux nobles & aux roturiers, depuis qu'ils se sont éloignés de la concession originaire, à la charge du service militaire qui n'étoit exercé que par les nobles.

II.2.2. Il est vrai que comme dans l'institution les fiefs leur sont étrangers, la permission de les posséder n'a pas été gratuite : ils ont été souvent obligés de payer des taxes de francs-fiefs à l'avénement de nos Rois à la Couronne.

IV.2. Quoique les Seigneurs n'aient plus besoin du secours de leurs vassaux, ils conservent toujours très-exactement leur mouvance féodale, tant pour l'honneur de leurs Terres, dont la vaste étendue est établie par les aveux fournis par les vassaux, qu'à cause des profits qu'ils en retirent dans les mutations, soit collatérales, soit par vente.

IV.2.1. Ils tiennent aussi fort exactement la main à se faire reconnoître par les censitaires, IV.2.2. non tant à cause des redevances annuelles, qui sont aujourd'hui réduites à un si mince intérêt, qu'à cause des profits censuels, & de l'étendue de leurs Terres, V. que ces déclarations conservent contre l'ambition & l'avarice des Seigneurs voisins, qui voudroient usurper sur eux cette mouvance & les profits qu'elle entraîne. Leur suzeraineté, tant sur les fiefs que sur leur censives, leur produit aussi l'avantage de pouvoir augmenter leur Domaine quand ils le jugent à propos, en exerçant le retrait féodal sur les fiefs, & refusant d'ensaisiner les contrats de vente des rotures.

Tel est le génie actuel des Seigneuries qui composent le bien noble de la France. Cette idée, toute sommaire qu'elle est, suffira pour l'ordinaire à ceux qui se livrent à la confection des Terriers.

L'utilité que les Seigneurs retirent de leurs fiefs & censifs, est le motif des travaux qu'ils entreprennent pour rétablir l'ordre dans leurs titres, lorsqu'il a été négligé par leurs prédécesseurs.

NOTIONS SUR LE DOMAINE.

I. *De quoi est composé le Domaine d'une Seigneurie.*

I.1. *De fiefs ou rotures propres, réunis au Domaine.*

I.2. *De fiefs ou rotures mouvans d'autres Seigneuries, réunis au Domaine.*

I. Le Domaine d'un fief est composé des métairies, bois, prés, vignes, &c. qui appartiennent à la Terre en pleine propriété, soit qu'ils soient tenus en fief ou en censif.

I.1. Quelquefois il est composé de plusieurs parties, qui en étoient anciennement sorties, & avoient été données en fief à des vassaux, ou en roture à des censitaires. Peu-à-peu les Seigneurs se sont aggrandis,

& ont fait de leurs fiefs & de leurs censifs leur Domaine ; ces fiefs & censifs en rentrant, ont été incorporés à l'ancien Domaine, si le Seigneur l'a jugé à propos ; ou ils en sont restés séparés, lorsqu'il l'a stipulé expressément en acquérant ces fiefs ou censifs. Lorsqu'il a voulu les réunir au Domaine, les fiefs y ont conservé leur noblesse, & les censifs l'y ont recouvré. S'il déclare qu'il ne veut pas les réunir à son Domaine, les fiefs continuent néanmoins de jouir de leur noblesse, mais les censifs restent dans leur état de roture.

I.2. Le Domaine est aussi composé de plusieurs autres héritages tenus en fief & en censive dans la mouvance d'autrui, & dans des Paroisses étrangeres. Quelquefois ces fiefs & ces censifs sont dans l'étendue même des Paroisses qui relevent de la Terre, mais dont la suzeraineté dépendoit néanmoins d'autres Seigneurs. Ainsi le Domaine de la Terre d'Onzain est composé, outre les fiefs & censifs qu'il a acquis dans sa propre mouvance, de plusieurs autres fiefs qui ne relevent point de lui. Le fief des Epinets & la Seigneurie de Meuves sont dans la mouvance du Seigneur de Chaumont : la Cour-d'Asnieres releve du Seigneur de Lorges : la métairie de Villiers, & plusieurs bois en chauffage dans la mouvance du Seigneur d'Herbaut : le Bois-Renard & un jardin à Chambon relevent des Religieux de Marmoutier, comme Seigneurs d'Orchèze. Tous ces biens ont été acquis dans l'étendue des Paroisses du Comté, mais ils dépendent en fief d'autres Seigneurs.

NOTIONS SUR LA FÉODALITÉ.

I.1. *Distinguée du Domaine.*
I.2. *Distinguée du Censif.*
II. *S'étend dans les Justices voisines.*
III. *Elle comprend même des biens en roture.*
IV. *Le fief du vassal est composé à l'imitation de celui du Seigneur.*
V. *Un fief a toujours la même étendue.*
V.1. *Sa féodalité ne peut augmenter aux dépens de son Domaine, si l'aliénation n'a été inféodée.*
V.2. *Il ne peut diminuer que par la prescription.*
V.2.1. *Quelle prescription peut éteindre la mouvance d'un fief sur les arrieres-fiefs de la Seigneurie.*
V.2.2. *Si la prescription peut éteindre la mouvance d'un fief vers son Seigneur.*

I.1. La féodalité d'une Terre contient les biens-nobles qui sont tenus à foi & hommage du Seigneur de cette Terre. Ce n'est ni le Domaine du Seigneur, parce que personne n'est vassal de lui-même, & que quand on réunit un fief qui étoit dans ſa mouvance, on l'incorpore au Domaine, & il n'a plus de mouvance (1). Cependant ſi le Seigneur en acquérant le fief mouvant de lui, déclare qu'il n'entend le réunir à ſon Domaine, ce fief eſt toujours fief mouvant dudit Seigneur; mais il n'eſt pas néanmoins vrai fief, il eſt vrai Domaine, & n'eſt plus compris dans ce qu'on appelle la féodalité de la Terre.

I. 2. La féodalité eſt abſolument diſtinguée du cenſif du Seigneur. Ce cenſif ne regarde que les biens roturiers.

II. Cette féodalité n'eſt point reſſerrée dans l'étendue de la Juſtice de la Terre, elle s'étend dans les mouvances voiſines, & au milieu des Terres des Seigneurs voiſins, on peut poſſéder des fiefs.

III. La féodalité comprend quelquefois des biens tenus actuellement en roture (2). Ainſi dans ce Comté de Roſtaing on reporte audit Comté les cenſifs de Villebreſme & de Villeſlanzy qui ſont tenus à foi & hommage: ce qui vient de ce que le Seigneur médiat de ces cenſifs a donné une partie de ſon bien en le ſoumettant aux charges roturieres; mais l'ayant reçu en fief du Seigneur ſuzerain, il faut toujours qu'il lui faſſe la foi & hommage de ces biens.

IV. Le fief du vaſſal eſt, comme la Seigneurie elle-même, ſouvent compoſé d'un Domaine dont le vaſſal jouit par lui-même, d'un ou pluſieurs fiefs qui relevent de lui noblement, de pluſieurs héritages tenus de lui en cenſif ou roture.

V. Le vaſſal a beau faire de ſon Domaine ſon fief, ce nouveau fief eſt toujours vis-à-vis du Seigneur partie du Domaine du vaſſal; & en cas d'ouverture faute d'homme ou à titre de rachat, il s'en empare, V. I. à moins qu'il n'ait inféodé cette aliénation; c'eſt-à-dire, qu'elle ne lui ait été annoncée dans un aveu qui n'auroit pas été blâmé. Ce n'eſt point une injuſtice vis-à-vis de l'Acquéreur, & il ne peut par laps de tems, acquérir preſcription contre ce droit du Seigneur: il doit ſavoir que s'il veut n'y être point expoſé, il faut qu'il faſſe inféoder l'aliénation.

---

(1) Cela ſe fait quelquefois afin de ne point augmenter les profits du Seigneur en cas de mutation: car ils ne ſont pas ſi forts ſur un bien qui reſte arriere-fief entre les mains du vaſſal, que ſur le Domaine même du vaſſal.

(2) Cela forme des biens-nobles dans la main du vaſſal, & roturiers dans celle de l'arriere-vaſſal: un bien peut au contraire être roturier dans la main du vaſſal, & noble dans celle de l'arriere-vaſſal, ſi le vaſſal l'a reçu en cenſif, & le concede en foi & hommage.

V.2. L'aliénation étant au contraire une fois reconnue, on ne peut plus par la suite forcer le vassal de l'avouer à titre de Domaine; c'est une vraie inféodation, qui fait dorénavant un arriere-fief de cette partie du fief.

V.2.1. Il y a des Auteurs qui pensent que l'arriere-fief ou arriere-censif peut être prescrit contre le vassal par un acte d'aveu, ou déclaration passée au profit d'un Seigneur voisin, lorsque cet acte est appuyé d'une possession trentenaire. Il n'y a qu'un Seigneur voisin qui puisse prescrire des mouvances contre le vassal, & par contre-coup contre le Seigneur, s'il n'a soin de se faire servir exactement par son vassal.

V.2.2. A l'égard du vassal, quelque tems qu'il ait joui sans avoir rendu aveu, il ne peut prescrire contre son Seigneur la liberté de son fief: s'il nie le tenir de lui, il s'expose à le faire confisquer, & il faut qu'il prouve qu'il releve d'un autre Seigneur, & qu'il rapporte trois actes d'aveux faits audit Seigneur.

NOTIONS SUR LES CENSIFS.

I.1. *Etendue du censif d'un Seigneur.*

I.2. *Le censif du Seigneur est resserré dans les Paroisses du Seigneur par des fiefs ou d'autres censifs qui sont compris dans l'étendue desdites Paroisses.*

I.3. *Le censif s'étend dans des Paroisses étrangeres.*

II.1. *Un bien roturier peut devenir noble.*

II.2. *Un bien noble peut devenir roturier.*

II.3. *Un bien peut être noble & roturier à différens égards.*

III. *Le cens est dû, même pour les terres en friche.*

IV.1. *Le cens se divise dans plusieurs Coutumes, notamment dans celle de Blois, & l'on ne peut forcer les tenanciers d'un même clos de s'obliger solidairement.*

IV.2. Quid *de la solidité à l'égard des rentes foncieres.*

I.1. Nulle Terre sans Seigneur. C'est un principe général coutumier de la France. Quiconque possede des biens dans l'étendue d'une suzeraineté, doit se reconnoître à l'égard du Seigneur comme son censitaire à raison desdits biens; à moins qu'il ne les possede en fief dans l'étendue de cette suzeraineté, ou qu'il ne les tienne en censif du Seigneur à foi & hommage; ce qui est proprement un fief qui ne consiste qu'en censive. Il y a encore une autre espece de censif, qui n'est plus un censif de droit, établi par la seule circonscription de l'étendue de la suzeraineté de la Terre; c'est un censif de fait qui s'établit par des titres d'acquisitions, des déclarations, ou par la possession immémoriale. Ces censifs s'étendent dans les suzeraínetés voisines, il faut les prouver.

I.2. On voit par-là ce qui borne le censif du Seigneur. Il est resserré par le Domaine seigneurial, les fiefs ou censifs des vassaux, les censifs des Seigneurs voisins, qui s'avancent dans les Paroisses sur lesquelles s'étend la suzeraineté du Seigneur. Ces limites du censif sont donc plus resserrées qu'elles ne paroissent d'abord. Ainsi dans le Comté de Rostaing, indépendamment du Domaine dudit Comté, le censif est borné dans la Paroisse d'Onzain par les fiefs de la Concherie, Daigny, le Haulteron, Marray, Mocquebary, le Pastil-Chevalier, le Perreux, le Plessis-Fougeres, la Pointe d'Escures, un pré dans la prairie d'Asnieres, un pré dans la prairie d'Onzain, le pré à l'Etape, des vignes à la Gellerie, aux Dames de la Guiche, plusieurs autres fiefs, tant vignes que prés à la Gellerie, des vignes au clos des Grandes-Vignes, &c. Il faut observer qu'entre tous les héritages contenus en ladite Paroisse, qui sont mouvans noblement, il y a d'autres héritages tenus roturiérement, qui sont dépendans de fiefs, qui par conséquent diminuent encore le censif du Comté de Rostaing; dans cette Paroisse, Marray a un censif. Dans la Paroisse Saint-Secondin, le censif est borné par les fiefs de Châtet, Cocquaine, la Poterie, & le pré des Raincieux. Dans la Paroisse de Santhenay, par les fiefs de la Pruniere & des Petites-Rochettes, & ce fief des Petites-Rochettes a aussi un censif comme Marray : dans la Paroisse de Coulanges, le censif est borné par les fiefs du Batard de Saulx, le grand Hôtel de Coulanges, Chanteloire ou Chauceloire, la Fosse aux Trois-Perriers, Goullioust, lesquels fiefs du Batard de Saulx & Goulliouft ont aussi des censifs qui resserrent dans cette Paroisse celui du Comté de Rostaing. Dans la Paroisse de Chambon, le censif du Comté est borné par les fiefs de Baignoux la Couldraye, Louriere, le Plessis-Gravier, la Poterie, les Prés-en-Ballezaux, la Pruniere, Varennes, & les fiefs de Baignoux & Varennes ont des censifs. Il n'y a dans la Paroisse de S. Nicolas, ni fief, ni censif étranger, ni Domaine; c'est ce qui y donne beaucoup de censitaires.

I.3. Le Comté de Rostaing possede en outre hors de ses Paroisses différens censifs; savoir, dans la Paroisse de Veuves, un censif qui lui est commun avec deux autres Seigneurs; on l'appelle *le censif commun de Veuves*. Dans la Paroisse de Saint Lubin-en-Vergognois, le censif de

Rangy, &c. Dans la Paroisse Saint Honoré de Blois, le censif de la Bretonnerie.

II.1. Un bien roturier peut devenir noble en rentrant dans la main du Seigneur qui le possédoit noblement; il s'incorpore au fief & y retrouve son ancienne noblesse; il peut y rester noble, ou en sortir noble, si le Seigneur le veut. C'est sur ce principe qu'est fondée cette disposition de l'Edit de Mars 1695, pour la vente & revente des Domaines de Sa Majesté. « Et ayant égard aux supplications qui nous ont été faites par » ceux de nos sujets qui possedent des maisons & héritages en roture dans » l'étendue de nos Directes, nous les avons érigés & érigeons en fiefs, » & leur permettons de les posséder noblement, pour les tenir de nous » à foi & hommage, à cause de notre Domaine le plus prochain, & » de leur imposer tels noms que bon leur semblera, à la charge de nous » payer les Droits Seigneuriaux aux mutations, suivant les Coutumes ». Ces biens étoient sortis en roture de la main du Roi; on feint qu'ils y rentrent pour y recouvrer leur noblesse, & qu'ils en ressortent sur le champ, pour être possédés par les vassaux à titre de biens-nobles.

II.2. Un bien noble peut devenir roturier. La noblesse des Terres, comme on l'a vu, n'est point attachée à la glebe; leur noblesse n'est pas non plus attachée à la personne qui en est propriétaire, les Nobles possedent des biens roturiers; elles ne sont nobles ou roturieres que par les conditions qui sont imposées par le Seigneur à ceux à qui il les concede. Si donc un Seigneur donne sa Terre à la charge du cens, la Terre qui étoit noble entre ses mains, devient roturiere.

II.3. Une Terre peut être noble & roturiere tout à la fois, si elle est tenue à foi & hommage du Seigneur suzerain & donnée à cens par son vassal.

III. Vu la médiocrité du denier par quartier de terre, le cens n'est point réputé une charge; il est dû même pour un friche, n'étant qu'une reconnoissance de la directe du Seigneur.

IV.1. Si le Seigneur pouvoit retrouver la concession originaire, & qu'il eût imposé la loi de la solidité entre tous ceux qui par la suite posséderoient cet héritage, ou qu'elle fût portée par la Coutume du lieu, comme elle l'est dans celles de plusieurs Pays qui établissent des co-frairescheurs, ou autre espece de co-tenanciers; on pourroit leur imposer cette servitude, & la faire reconnoître par leurs déclarations. Un seul pour tous seroit tenu vis-à-vis du Seigneur de tous les droits dus par l'héritage donné à cens, sauf son recours contre les co-tenanciers. Mais faute de l'une de ces deux loix,

loix, ou coutumiere ou ſeigneuriale, on ne voit pas de voie d'empêcher la diviſion du cens par les partages faits entre les cenſitaires. L'intérêt, au reſte, de cette ſolidité eſt très-léger à l'égard du cens. Cela pourroit être utile s'il s'agiſſoit d'une groſſe rente due ſolidairement par tous les tenanciers d'un clos : ſans être obligé de les attaquer tous, on ſeroit payé de la rente. Mais il n'en eſt pas de même quand il ne s'agit que des droits coutumiers ordinaires. 1°. Quant au cens, c'eſt une redevance trop petite pour avoir recours à une ſolidité, & ſur-tout dans l'état de diviſion ſi multipliée où ſe trouvent aujourd'hui les Terres. Si cela s'étoit fait dans le tems où les diviſions étoient rares, & où la Terre étoit partagée en de grandes tenures, cela auroit pu être utile. C'eſt ce qui ſe trouve dans la Normandie ; un ſeul y répond pour une très-grande quantité de terrain. Mais les diviſions ſi fréquentes étant établies, qui voudroit ſe rendre ſolidaire pour une grande quantité de redevances proportionnées à une grande quantité de terrain, tandis que ſon petit héritage eſt libre quand il a payé ſa redevance annuelle du cens ? 2°. A l'égard des lods & ventes, il eſt impoſſible de les recevoir d'un ſeul pour tous. S'il y a vingt tenanciers, quand un change, les dix-neuf autres ne doivent pas de lods & ventes ; les dix-neuf changeront & devront profits, le vingtieme n'en doit point. On ne voit donc pas de quelle utilité ſeroit la ſolidité.

IV.2. Si l'héritage eſt ſujet à rente, le cenſitaire ne peut forcer le Seigneur à voir morceler ſa rente. Il faut, s'il y a lieu, qu'il vende ou partage à la charge de la ſolidité, & qu'il paſſe ſa déclaration à ladite charge.

Nota. Il y a beaucoup d'autres queſtions à traiter ſur les fiefs & cenſifs ; cette matiere eſt immenſe ; mais il y en a d'excellens Traités qu'il faut conſulter quand les difficultés ſe préſentent.

PREMIERE PARTIE.

LA RENOVATION DU TERRIER.

CHAPIRTE PREMIER.

L'arrangement des Titres du Chartrier.

I. ON a supposé les titres dans le plus grand désordre; il faut d'abord les faire sortir de ce chaos, & les ranger par ordre chronologique. Sans cela les idées qu'on prendroit par des extraits faits de pieces mêlées, ne donneroient que très-peu de lumieres. On arriveroit presque à la fin avec des notions extrêmement confuses. En effet, si on vouloit reporter sur une même feuille toutes les connoissances qu'on auroit d'un même objet, elles y viendroient successivement sans aucun ordre entr'elles, quoique déja dégagées du chaos général. Si on metroit chaque extrait sur des feuilles séparées, on éviteroit l'inconvénient du désordre, mais on ne pourroit profiter du grand avantage que procure la lumiere des pieces anciennes pour interprêter les nouvelles; ces pieces anciennes pouvant n'arriver que les dernieres, si on n'a pas commencé par les ranger par ordre chronologique. Au lieu que quand elles sont bien rangées suivant cet ordre, on en fait facilement les extraits, les pieces se suivent, toutes les connoissances sur un même objet peuvent se porter sur la même feuille des extraits. On voit de suite tous les vassaux, tous les actes de féodalité qu'ils ont faits; tous les Seigneurs de la Terre, leurs acquisitions, les Lettres d'érection qui les ont élevées en dignité; tous les biens tenus en censif, & les censitaires qui ont occupé ces biens; le tout autant que les titres sont nombreux, & peuvent donner une filiation suivie.

Un avantage très-grand de l'ordre chronologique, c'est que quand on suit les siecles, on trouve de suite les mêmes écritures, & elles sont alors beaucoup plus faciles à lire, que quand on parcourt différens tems, où on ne retrouve plus les mêmes hommes ni le même génie du siecle. Car les écritures changent doublement, par le caractere général du siecle, & par la diversité des mains des hommes qui écrivent ces actes.

L'ordre chronogique à mettre dans les pieces, est donc la premiere opération, & un préalable dont la nécessité est évidente.

II. Mais il faut faire cet arrangement le plus promptement qu'il est possible, & premierement prendre tous les actes les uns après les autres, & marquer dans la marge qu'on a à sa gauche, en tête de ces actes, leurs dates de jour, du mois, & d'année, en chiffres, pour rendre la vue de la date plus facile lors de leur arrangement chronologique.

III. Secondement, en jettant la vue sur ces actes pour voir la date, on connoît tout d'un coup si c'est un acte de foi & hommage, ou si c'est un aveu qui renferme le détail de la Terre, ou si c'est une déclaration fournie par un censitaire, ou si ce sont des titres d'acquisition, ou direction de la Terre, des baux, des échanges, ou autre espece de titres du Domaine. Il faut avoir autant de dépôts pour mettre ces pieces séparément.

III. 1. 1°. Le Domaine. 2°. Les actes de foi & hommage, aveux & dénombremens. 3°. Le censif.

Si, comme cela arrive quelquefois, les chartriers servent de dépôt aux actes judiciaires, tant volontaires que contentieux, il faut avoir des dépôts particuliers: 1°. pour les minutes des Notaires. 2°. Le plumitif. 3°. Le Greffe-Civil. 4°. Le Greffe-Criminel.

Il ne faut pas confondre tous ces dépôts ensemble; ceux du Domaine, des fiefs, & du censif étant réunis en un seul dépôt, causeroient beaucoup d'embarras dans les recherches des actes qui se trouveroient toujours très-multipliés sur chaque année. Il en seroit de même à l'égard des autres dépôts, indépendamment de l'espece de ridicule qu'il y auroit d'aller chercher un contrat d'acquisition parmi les pieces d'un Greffe, & *vice versâ*; il ne faut pas cependant se faire beaucoup de peine des fautes qui pourroient se faire dans ce premier arrangement, elles seront très-réparables lors des extraits. On connoîtra alors chaque piece à fond, & on lui assignera en parfaite connoissance de cause le dépôt auquel elle appartient. Il faut enfermer tous les titres dans des recueils, épais seulement d'un demi-pouce: sur la feuille qui fera l'enveloppe de ces actes, il faut mettre Domaine, depuis telle année jusqu'à telle année, ou féodalité depuis, &c. ou censif depuis, &c. & il faut observer la même chose à l'égard des minutes des Notaires & de celles du Greffe. Il ne faut pas faire ces recueils plus petits, cela coûteroit du papier inutilement; il ne faut pas les faire plus gros, les actes glisseroient. Il faut aussi ranger tous ces actes par tas dans chaque dépôt, ne pas donner à chacun plus de six pouces d'épaisseur, & à cet effet, diviser les planches des armoires où ils sont disposés à distance de dix pouces l'une de l'autre. Au bas de chaque tas, il faut marquer depuis telle année jusqu'à telle autre; ainsi, 1100 à 1200, 1300 à 1350, &c. afin de faciliter la recherche de ces actes, quand on a besoin d'y recourir.

III.2.1. Il est plus difficile de ranger les procès par ordre chronologique, cela demanderoit un examen qui auroit plus de longueur que d'utilité; mais on peut les mettre par liasse, & les cotter séparément les uns des autres. Les extraits qui s'en feront, renverront à la cotte. Si cependant le Terrier étoit fait par quelque Praticien, il verroit facilement la derniere Sentence ou Arrêt, & suivroit dans ses cottes l'ordre des dates.

III.2.2. Il ne faut point oublier les pieces qui sont dans les procès de la Terre, & qu'on a produites pour titres. Ces pieces doivent rentrer dans l'ordre chronologique avant qu'on fasse les extraits. Mais il faut faire sur les procès une note des pieces qui en ont ainsi été tirées, afin qu'on puisse les réunir toutes, s'il est besoin de continuer le procès.

III.3. Il faut aussi ranger par ordre chronologique, autant qu'il est possible, les cueilloirs & comptes des Receveurs dans un dépôt particulier. On aura soin de les mettre à l'époque de l'année la plus ancienne, lorsqu'ils comprendront plusieurs années. Les comptes des Receveurs devroient naturellement être joints au Domaine; mais comme souvent ils contiennent aussi des recettes de profits féodaux ou censuels, ce qui les rend communs aux trois grands objets du chartrier, il faut en faire un dépôt particulier; & de même pour les cueilloirs: mais ceux-ci peuvent être mêlés avec les comptes des Receveurs, c'eſt une portion de leur recette. Les comptes des Receveurs eux-mêmes tiennent ſouvent une partie de ce qui compoſe les cueilloirs, & en font la filiation.

III.4. Il faut envelopper dans des chemiſes, ou feuilles de papier blanc, toutes les pieces ſans dates; en raſſembler aſſez dans chaque chemiſe pour faire un petit cahier de demi pouce d'épaiſſeur, ainſi qu'il a été dit à l'égard des actes des Notaires & du Greffe. Sans cela on ſera expoſé à des recherches inutiles, comme on le verra dans la ſuite. Chacune de ces chemiſes eſt timbrée: *Pieces ſervant de mémoires*, Ire Recueil, II Recueil, &c. Quand une fois ces pieces ſont ainſi rangées, & que les extraits en ſeront faits, il ne faudra plus les déranger, car c'eſt cette cotte de recueil qui fera leur indication dans les extraits. Si on les tranſporte alors d'un recueil à l'autre, les citations deviendront inutiles, & il faudra chercher les pieces comme ſi on n'avoit jamais mis entr'elles aucun ordre.

III.5. Les aveux rendus par les Seigneurs de la Terre doivent auſſi être placés dans un dépôt particulier. Ces aveux étant des piéces communes au Domaine, à la féodalité, & au cenſif qu'ils doivent contenir en entier, aucun de ces dépôts ne peut avoir de privilege pour s'emparer de ces pieces communes à tous.

IV. Quand cette premiere diſtribution eſt faite, il faut avoir une armoire vuide ou un ſerre-papiers, dont les planches ſoient à diſtance de dix pouces, les unes des autres, ſur leſquelles on puiſſe mettre douze tas de papiers d'environ ſix pouces d'épais, & d'un pied de large. Au milieu de chacun de ces douze tas, on attache ſur la planche avec un peu de pain à cacheter, une petite banderolle de papier de deux pouces de longueur, dont on laiſſe pendre un pouce. Sur la partie qui pend, on écrit ſur le premier 1, ſur le ſecond 2, & ainſi de ſuite ſur tous les douze, en gros caractere. Sur le premier on ajoute, en plus petit caractere, 1, 2, 3, 4. Sur le ſecond, 5, 6, 7. Sur le troiſieme, 8, 9, 10. Sur le quatrieme, 11, 12, 13. Sur le cinquieme, 14, 15, 16. Sur le ſixieme, 17, 18, 19. Sur le ſeptieme, 20, 21, 22. Sur le huitieme, 23, 24, 25. Sur le neuvieme, 26, 27, 28. Sur le dixieme, 29, 30, 31. Quand on a fini cette opération, qui eſt fort courte, on fait paſſer ſur ces banderolles, fort promptement, tous les dépôts ſucceſſivement.

IV.1. On commencera par le Domaine, ſi l'on veut, & on le diviſe par ſiecles, en plaçant au-deſſus de chaque petite bande de papier, un ſiecle. Si le tas devient trop gros, on reporte ce qui en eſt fait au dépôt deſtiné audit Domaine.

IV.2. Quand tout eſt rangé par ſiecles, on prend le plus ancien des ſiecles, & on le diviſe par dixaines d'années en dix tas; ſavoir, les dix premieres années ſur la premiere banderolle, les dix ſecondes, ſur la ſeconde, &c.

IV.3. Quand le ſiecle eſt diviſé par dixaines d'années, on diviſe ces dixaines, d'année en année, ou dix tas; ſavoir, la premiere année de la dixaine ſur la premiere banderolle, la ſeconde ſur la ſeconde, &c.

IV.4. Quand le ſiecle eſt diviſé en années, on prend chacune des années ſucceſſivement, & on les diviſe en mois; ce qui ſe fait en mettant chaque mois ſur chacune des douze banderolles.

IV.5. Quand les années ſont diviſées par mois, on diviſe chaque mois par jour, en ſe ſervant des chiffres en petit caractere, qui ſont inſcrits ſur les petites bandes de papier au-deſſous des grands chiffres: ainſi on met ſur le premier tas les quatre premiers jours du mois; chacun des tas ſuivans porte trois jours. Le reſte de l'arrangement des jours entr'eux n'eſt pas difficile. Sur le premier tas, les quatre premiers jours ſe trouvent mêlés, mais cela ne donne jamais une aſſez grande quantité d'actes, pour qu'il ſoit néceſſaire de nouvelles ſubdiviſions de chiffres, cet arrangement ſe fait à la main ſans aucune longueur.

Il ne faudroit pas entreprendre de vouloir ainſi diſtribuer à la main, tous les titres, & ne ſe pas ſervir de la maniere très-courte qui vient d'être propoſée, on y éprouveroit une longueur énorme.

Quand on a ainſi rangé un ſiecle, on range le ſuivant de la même maniere. Quand on a fini le dépôt du Domaine, on paſſe à celui de la féodalité, & ainſi de ſuite. Toutes ces opérations ne ſont point auſſi longues qu'on ſe l'imagineroit. Quand elles ſont faites, c'eſt alors qu'on peut commencer les extraits.

CHAPITRE SECOND.

Extraits des Actes, Pieces & Mémoires.

ARTICLE I.

Extraits d'Actes en Général.

I. *La forme des feuilles sur lesquelles on inscrit les extraits du Domaine, des fiefs, & du censif.*

II. *L'arrangement des extraits pour la commodité du travail, & par conséquent sa prompte expédition.*

III. *Faire marcher tous les extraits différens dans l'ordre chronologique.*

IV. *De ceux qui doivent faire ces extraits.*

V. *Du lieu où se fait le travail.*

VI. *Si chacun des travailleurs doit avoir son district.*

VII. *Comment on désigne sur le second* folio *& suivans, les actes qui sont la preuve des extraits.*

VIII. *Laisser toujours un demi-pouce de marge entre chacun des articles des extraits.*

IX. *Noter toutes les pieces qui ont été extraites.*

X. *Utilité des extraits.*

I. Les feuilles de papier ployées en deux, forment la grandeur qu'on appelle *in-folio*, ayant comme d'ordinaire deux *recto* & deux *verso*. On ploie dans leur longueur les deux *folio* de cette feuille en trois parties, les plus égales qu'il est possible. On les rouvre en entier, & alors on reploie la premiere feuille seulement en deux; ce qui donne sur cette premiere feuille deux grandes marges dans les extrêmités, & deux petites colonnes au milieu. L'usage de cette premiere feuille ainsi ployée, est de contenir de suite l'indication de toutes les pieces du chartrier qui regardent un même objet, soit de Domaine, de fief, ou de censif. On y voit aussi d'un même coup d'œil, dans chacune des parties de la Terre, tous les Seigneurs, vassaux & censitaires qui les ont occupées successivement. Voyez à cet égard les modèles de ces feuilles pour le Domaine, les fiefs, & les censifs, dans les articles II, III & IV de ce même chapitre. Pour faire moins de dépense, on peut se servir de demi-feuilles au lieu de feuilles entieres, pourvu qu'on écrive fin, & que cela ne nuise point à la facilité de lire.

Dans

Dans la premiere grande marge on place la dénomination de l'extrait, s'il regarde le Domaine, le fief ou le censif. Dans la premiere petite colonne on inscrit la date des actes dont l'extrait a donné quelque notion sur ces objets. Dans la seconde, on marque la nature même de l'acte, si c'est une vente, un échange, une foi & hommage, un aveu, une déclaration, une saisie féodale, une main-levée, &c. Dans la derniere grande marge on met les noms de ceux qui ont parlé dans ces actes; si c'est du Domaine, le nom du Seigneur qui a acquis, ou qui a rendu foi & hommage ou aveu au suzerain de ses terres; si c'est féodalité, le nom du vassal qui a rendu foi & hommage ou aveu & dénombrement au Seigneur de la Terre; si c'est du censif, le nom du censitaire qui a fourni sa déclaration. La seconde feuille, & d'autres qu'on y joint, s'il y a lieu, & qui sont partagées seulement en trois, contiennent pour le Domaine, les *Biens Domaniaux ;* pour la féodalité, les *Biens avoués ;* pour le censif, les *Biens déclarés.* On met ces titres sur le second *folio*, selon que l'objet de l'extrait y détermine. Pour ces extraits, il ne faut écrire que sur deux des colonnes de la feuille, afin de laisser une grande place pour écrire les notes, ou faire les changemens qu'il y aura à faire. Comme il faut, pendant le travail, feuilleter souvent ces extraits, 1°. ce seroit un mauvais ménage de vouloir ne mettre qu'une feuille simple, même dans certaines parties du travail, où peut-être cela pourroit être suffisant; mais des feuilles simples seront bien plus sujettes à se gâter, & bien plus difficiles à manier; 2°. il faut que ces extraits soient faits sur du papier coupé, car les barbes du papier les rendent plus difficiles à couler entre les mains.

II. Tous les extraits doivent être rangés par ordre alphabétique. On ne peut avoir une trop grande étendue de terrain pour placer à l'aise tous les extraits, & faire autant de divisions qu'il est nécessaire pour ne point être obligé de prendre un trop grand nombre de papiers à la fois, ce qui alonge beaucoup la recherche. Il faut donc avoir des armoires ou des serre-papiers, de telle longueur que la piece du travail pourra le permettre, mais qui n'aient pas plus de six pieds d'élévation, à moins qu'on n'y soit contraint par le défaut d'emplacement. Chaque planche doit être distante de l'autre de six à sept pouces; c'est la mesure qui a paru la plus juste pour ne mettre ni trop de papiers ni trop peu, car la multitude des divisions lorsqu'elle est outrée, est aussi dangereuse. Ces planches doivent être couvertes de petites banderolles de papier, qui indiquent la lettre alphabétique des noms des biens domaniaux, féodaux, ou censuels, qui sont dans différens tas dans ces serre-papiers, au-dessus desdites banderolles. Ces banderolles doivent pendre d'un pouce au-dessous de la planche, & un autre pouce se couche sur la planche, & y est attaché par deux petits morceaux de pain à cacheter. Sur les montants desdits serre-papiers, il faut marquer l'objet des extraits qui y sont contenus, si c'est le Domaine, ou les fiefs, ou le censif; on les colle de même avec quatre petits morceaux rompus de pain à cacheter. Les tas de papier ne doivent point avoir plus de trois à quatre pouces d'épais pour entrer facilement dans leurs cases; à mesure qu'on les voit s'épaissir trop, il faut déranger l'alphabet, & l'étendre sur de nouveaux serre-papiers.

III. En général il est très-utile que toutes les parties marchent de front; c'est le moyen qu'elles s'éclairent l'une l'autre, s'il y a lieu, & on n'est point obligé de faire des renvois pour réparer les omissions qui auroient pu arriver par le défaut de connoissance de quelqu'une de ces parties. Il y en a une à la vérité qu'on seroit fort tenté de faire avancer plus vîte que les autres, c'est celle des fiefs; car dès qu'elle seroit suffisamment connue, on attaqueroit les vassaux pour la prestation de la foi & la reddition de l'aveu. La foi n'est pas difficile à faire rendre, mais pour la reddition des aveux, il faut que les vassaux fassent une partie, & même considérable, du travail que le Seigneur fait en sa Terre pour parvenir à rendre le sien; extraits d'actes, arpentage, aveux d'arriere-vassaux. Cela peut demander beaucoup de tems, & pendant qu'ils s'occuperoient à se mettre en état de rendre ainsi leurs aveux, le Seigneur poursuivroit toujours ses opérations pour avancer les extraits sur tout le reste; & eux faits, il se feroit toujours reconnoître par ses censitaires; cela donneroit le tems aux vassaux pour faire leurs aveux; & quand ils viendroient présenter les projets de leurs aveux, tous les extraits se trouveroient faits, & on seroit muni de toutes les connoissances nécessaires pour les vérifier ou les blâmer. Mais cette assignation aux vassaux pour reconnoître le Seigneur, seroit suivie de promptes offres de foi & hommage, & le Seigneur ne pourroit les refuser. Cependant il est de son intérêt d'avoir préalablement toutes les connoissances qu'il peut espérer sur son fief, afin qu'il n'y ait point d'erreur sur la mouvance, & qu'il en connoisse toutes les mutations pour se faire payer des profits. Or, on doit se souvenir que dans l'arrangement qui a été fait des titres, on n'a vu que bien sommairement la nature des pieces; elles peuvent avoir été mises dans des dépôts qui ne leur appartenoient pas, & chacun de ces dépôts a lieu d'attendre des autres quelque restitution lors d'un examen plus ample. D'ailleurs, celui des minutes de Notaire, s'il y en a, peut contenir plusieurs actes de foi & hommage, aveu & dénombrement qu'on ignorera, si on ne porte la vue que sur les expéditions de ces sortes d'actes, qui auront été fournis par les vassaux, & mises au dépôt de la féodalité. Car trop souvent les vassaux ne fournissent pas l'expédition de leurs actes féodaux, il n'y a que les minutes du Notaire par qui on puisse les connoître. Si on méprise cet inconvénient à cause du grand avantage de l'expédition, il faut au moins bien prendre, dans les anciens titres qu'on aura vus, la mouvance des fiefs, afin de n'être point obligé de faire réformer les actes de foi. Il faut aussi bien examiner les titres des particuliers, pour avoir la totalité des profits échus depuis trente ans. Car après la réception en foi, il n'y a plus de saisie féodale pour s'en faire payer, il n'y a plus qu'une simple action. Il ne faut aussi donner quittance de ces droits qu'avec cette clause : *sans préjudice de plus grands droits s'il y échet.* On restera cependant encore exposé à l'inconvénient de faire des renvois, s'il vient de nouvelles connoissances ; mais c'est le plus léger de tous les inconvéniens.

IV. Si un homme vouloit entreprendre de faire seul l'extrait d'un grand chartrier, ce seroit une vraie folie. Pendant son travail il arriveroit de fréquentes mutations, & jamais il ne pourroit donner à ses opérations un état fixe. D'ailleurs il faudroit reculer toutes les déclarations des censitaires, & la réception des aveux, le parfournissement même de celui que la Terre, dont il entreprendroit le Terrier, doit aux Seigneurs dont elle releve. Cela exposeroit à des saisies féodales faute d'aveu, & à des pertes considérables de profits, faute de recevoir les foi & hommage des biens-nobles, & les déclaratious des censitaires. Il faut au contraire force de monde dans ces opérations. Six personnes outre celui qui dirige l'ouvrage, n'ont point été de trop dans le Chartrier d'Onzain. Un plus grand nombre se nuiroit, à cause du mouvement qu'il se faut donner dans la visite & emplacement des pieces, & la confrontation des extraits. Il faut des jeunes gens pour faire cet ouvrage, la vivacité y est nécessaire, pourvu qu'il n'y ait point d'étourderie ; il n'y a point d'occasion où elle puisse être plus utile. D'ailleurs les jeunes gens ont l'œil bien plus perçant pour déchiffrer les vieilles écritures. Quand on a transcrit quelques piéces des siecles inférieurs, d'une écriture assez lisible, & qu'on a remonté ces transcriptions de siecle en siecle, on discerne facilement ces anciens caracteres, au moins au bout de huit jours ; même dans les écritures qui sont moins bien formées ; il ne faut pas pour cela une intelligence au-dessus du commun du monde ; quoique plus on en rencontre, & plus on doit espérer d'exactitude dans l'exécution. Il faut tâcher de ne point prendre des gens du Pays, qui pourroient soustraire les pieces qui leur nuiroient, ou à leurs parens, ou du moins qui pourroient rendre compte du déficit du chartrier à ceux de leurs amis qui y seroient intéressés. Par cette même raison, la probité est essentielle dans tous ceux à qui on confiera les titres : il ne suffit pas qu'ils soient étrangers, il faut qu'ils soient inabordables aux gens du Pays. Continuité de travail : peu de liaisons au-dehors ; il faut qu'ils sentent que ces sortes de dépenses sont toujours énormes, & qu'il n'y a que l'assiduité au travail qui puisse diminuer la grandeur des frais.

V. On voit assez par le nombre des ouvriers, & la place demandée pour les extraits, qu'il est nécessaire que la piece du travail soit vaste, quoiqu'il y faille laisser le moins de pieces qu'il est possible, reporter au chartrier celles qui ont été extraites, n'en tirer que celles dont on a besoin actuellement ; ce qui montre aussi que l'endroit du travail doit être proche du chartrier. Il faut dans cette piece beaucoup de jour, ce qui abrege infiniment quand on a de mauvaises écritures à lire. Il faut de plus, si c'est en hiver, que la piece du travail soit suffisamment échauffée, & par un poële, si cela se peut, qui jette une chaleur générale ; car dans ce mouvement on se réfroidit bien promptement. Si l'on n'y a qu'une cheminée, il faut se chauffer souvent, & cela emporte bien du tems.

VI. On fait toujours beaucoup mieux ce qu'on a déja fait souvent ; il est donc à propos de ne pas voltiger d'objets en objets, & que tous ne poursuivent pas tous les extraits à la fois. Si chacun pouvoit toujours conserver, l'un les actes domaniaux, un autre les fiefs, deux autres le censif, un autre les cueilloirs & comptes des Receveurs, un dernier les procès ; cela seroit mieux. Mais si on voit qu'une partie reste en arriere, il faut détacher celui qui est sur une partie avancée pour donner du secours à celui que la multitude des pieces arrête : de même si une partie va trop vîte, il vaut mieux se jetter sur un autre objet.

VII. Quand on a inscrit le détail d'une piece sur le second *folio* d'un extrait, on indique à chacun des articles la piece qui fait la preuve du contenu audit extrait ; mais il n'est pas nécessaire de la nommer dans toute son étendue, ce qui alongeroit beaucoup ; ce détail de la nature de la piece est contenu dans le premier *folio*, il n'est plus besoin que d'un renvoi qui la distingue suffisamment de toutes les autres : ce renvoi se fait simplement par l'inscription de l'année de la piece ; s'il y en avoit deux dans cette année, on écriroit en outre la date du jour & du mois. S'il vient une seconde piece qui soit conforme à la précédente, on ne fait qu'ajouter à chacun des articles, l'année de cette piece. S'il y a du changement, on décrit le changement, & on ajoute l'année de la piece qui en fait la preuve. Voyez à cet égard les modeles ci-devant cités.

VIII. Il faut toujours laiſſer outre la grande marge, un demi-pouce de blanc entre chacun des articles qui ſont inſérés ſur la feuille. Cela ſe doit obſerver de même entre chacun des tenans & abutans d'un même article, afin qu'il y ait de la place pour marquer les changemens qui arrivent par la ſuite à ces tenans & abutans.

IX. Il faut faire une note ſur chacune des pieces qui auront été extraites, en y mettant le mot *vu*, ou telle autre indication qu'il plaira.

X. On trouvera que ce grand détail d'extraits eſt un ouvrage long, & par conſéquent pénible & coûteux; mais il faut ſonger qu'un ſeul procès qu'il évitera auroit coûté peut-être plus que ce travail, & qu'au contraire il eſt propre à éteindre, non un procès ſeul, mais un très-grand nombre, car il n'y aura, après ces extraits, aucune partie de la Terre ſur laquelle le Seigneur ne ſoit à portée de ſe faire rendre juſtice très-promptement, par la foule de preuves dont il ſera en état d'accabler ceux qui lui feront de mauvaiſes conteſtations.

ARTICLE II.

Extraits d'Actes du Domaine.

I.1. *Une même feuille pour chaque objet particulier du Domaine, ferme, &c. ſuffit; & il n'eſt pas néceſſaire d'en mettre autant qu'il y a d'articles qui compoſent les fermes.*

I.2. *Forme de cette feuille.*

II. *Quelle étendue il faut donner aux extraits du Domaine.*

III. *Modele d'extrait.*

I.1. Les Domaines particuliers changent peu d'étendue entre les mains des Seigneurs. Quelquefois ils échangent des pieces de leurs héritages, ou ils mettent en une ſeule ferme ce qui étoit en deux. Mais ce qui défigure le plus les continences des héritages, n'arrive gueres entre leurs mains. Une ferme ne ſe morcelle point; ſi leurs enfans partagent leur ſucceſſion, ils prennent chacun une Terre; les plus grandes diviſions vont à ſéparer entr'eux les fermes, mais dans leur entier, & ſans diviſer les biens qui compoſent ces fermes. Rarement ils en vendent des portions pour ſubvenir à la néceſſité de leurs affaires. Si des arrangemens de famille l'exigent, ils vendent une ferme en entier. Quand donc on trouveroit dans quelque acte un détail circonstancié des héritages qui composent ces parties du Domaine, il ne seroit pas nécessaire de faire autant de feuilles séparées, qu'il y auroit de pieces d'héritage. 1°. Rarement on trouvera ces détails, & on ne pourroit avoir assez d'actes détaillés pour établir une continuité de possession sur chacune de ces pieces. 2°. Comme il vient d'être observé, une même feuille pourroit les contenir sous le titre *de biens baillés à ferme ;* les variations, démembremens, & augmentations des fermes étant assez rares, pour ne pouvoir jetter de la confusion dans les extraits. Si les héritages ne sont pas compris dans les fermes de la seigneurie, il faut en faire alors autant d'articles particuliers; ce qui arrive lorsqu'un Seigneur jouit de quelques arpens ou de quelqu'autre bien par lui-même, & sans le donner à ferme, ou que ce bien soit autre que des métairies, comme four ou moulin bannal; alors il faut que ces objets soient munis de toutes les preuves de propriété ou de possession qu'on peut tirer de rente annuelle, ou de tous les autres actes qui le concerne, & qu'ils aient chacun une feuille pour réunir l'indication de tous ces actes.

I.2. *Voyez* Article I. N°. 1. Forme des feuilles sur lesquelles on inscrit les extraits du Domaine, des fiefs, & du censif, page 24.

II. Il faut prendre tout ce qui concerne le Domaine, tant par les aveux rendus par le Seigneur de la Terre dans lesquels ce Domaine se trouve détaillé, que dans les baux, ventes de bois, adjudications de prés, &c. le tout autant qu'il y a de pieces; car il ne faut point faire à cet égard de relevés des comptes des Receveurs, cela seroit infini, & de très-peu d'utilité.

III. Modele d'extrait domanial ci-derriere.

IIIe MODELE.

ONZAIN,
mouvant du Comté de Blois.

DOMAINE.

EXTRAIT DOMANIAL.

18 Mars 1443.	AVEU & dénombrement au Comté de Blois,	Par Guillaume Dargenton, à cause de Jeanne de Neillac sa femme.
6 Mars 1457.	AVEU,	Par Bertrand de la Haye.
13 Déc. 1498.	VENTE à faculté de réméré des Terres d'Onzain, Vauliard, Rangy, les Epinets, la Métairie d'Ecures, la rue des Prés, & les deux tiers d'Asnieres,	Par Joachim de Montespedon, se faisant fort de Catherine de Clermont, veuve de François de la Haye, & de René de la Haye sa femme. A Jean de Polignac & Jeanne de Jambes sa femme.
16 dudit.	RATIFICATION dudit contrat de vente,	Par Catherine de Clermont.
4 Mai 1557.	BAIL à ferme générale de la Baronnie d'Onzain,	Par Anne de Polignac, veuve de François Comte de la Rochefoucault.
19 Mai 1554.	ARRÊT de la Chambre des Comptes de Blois, qui ordonne que François de la Rochefoucault sera reçu à faire la foi & hommage par Procureur, attendu les empêchemens légitimes.	
Dudit jour.	FOI & hommage en conséquence,	Par le fondé de procuration dudit Comte de la Rochefoucault.
11 Mars 1572.	FOI & hommage,	Par François de la Rochefoucault.
10 Juill. 1606.	SAISIE féodale de lad. Terre d'Onzain,	Sur François de la Rochefoucault. Par la Chambre des Comptes.
15 dudit.	MAIN-LEVÉE de ladite saisie.	
29 Janv. 1627, & jours suiv.	PUBLICATION du Bail à faire de la Baronnie d'Onzain, & des Seigneuries y annexées du Grand-Vauliard, des Epinets, &c.	
	(*Nota.* Il faut toujours mettre les détails en entier.)	
9 Sept. 1633.	ECHANGE, par lequel François de la Rochefoucault cede à Jacques Huraut, Marquis de Vibrais, la Terre, Seigneurie, Châtellenie & Baronnie d'Onzain, consistant en Haute, Moyenne & Basse-Justice, Château, &c. (tout le détail).	
14 Mai 1635.	FOI & hommage,	Par Jacques Huraut.
10 Mai 1641.	ECHANGE, par lequel Jacques Huraut cede à Charles, Marquis de Rostaing, tout ce que dessus, avec le Fief du Normant, & plusieurs nouvelles acquisitions faites à Onzain (*mettre le détail*), lesdites Terres chargées envers, &c, (*mettre les charges*).	
2 Juin 1641.	FOI & hommage,	Par ledit sieur Comte de Rostaing.

ARTICLE III.

Extraits d'Actes Féodaux.

I.1. *Une même feuille pour chaque objet particulier suffit.*
I.2. *Forme de cette feuille.*
I.3. *Utilité des feuilles séparées pour faire les extraits des actes de foi, & d'aveu.*
II. *Extraits d'actes de foi.*
III. *Extraits d'aveux ; ils ne peuvent être trop détaillés.*
III.1. *Extrait du Domaine du vassal.*
III.2. *Extrait de son fief.*
III.3. *Extrait de son censif.*
IV.1. *Modele d'un extrait pour un fief.*
IV.2. *Réflexions sur ledit extrait.*
V. *Extrait des extraits.*
VI. *Table des fiefs, & des Terres dont ils font partie.*

I.1. Ce qui oblige à la multiplicité des feuilles est la fréquente division, ou réunion des objets ; mais cela arrive peu dans les fiefs. On voit rarement un fief se partager en deux : les enfans d'un vassal prennent chacun une Terre dans la succession de leur pere, ou chacun un fief ; si c'est une succession moins considérable, l'un prend le fief, l'autre les rotures. Enfin, dans un même fief, l'un prendra une ferme, l'autre une autre ; mais on ne voit point que les terres de ce fief soient morcelées : il est donc inutile de faire plusieurs feuilles pour suivre les divisions des fiefs.

I.2. *Voyez* Article I. N°. 1. Forme des feuilles sur lesquelles on inscr les extraits du Domaine, des fiefs, & des censifs, pag. 24.

I.3. Souvent les vassaux rendent foi & hommage par un même acte pour plusieurs fiefs ; ces actes cependant ne peuvent se fendre pour établir également la suite de deux ou trois fiefs qui y sont compris. Les extraits qui en sont faits sur feuilles séparées ont cette commodité de ne rien laisser à desirer sur la filiation d'un fief, & cependant de n'y rien admettre qui lui soit étranger. Toutes ces feuilles renvoient sans inconvénient à un même acte, s'il est besoin.

II. Il n'y a point d'autre extrait à faire d'une foi & hommage que de prendre la date de cette foi, & le nom du vassal. Si par hasard le fief se divise, ce qui arrive fort rarement (*voyez* ci-dessus I.1.), il faut en avertir sur la feuille où le fief étoit réuni.

III. Nous avons déja dit que le fief, comme la seigneurie elle-même, consistoit en Domaine, fief & censif.

III.1 Nous avons vu aussi, en parlant du Domaine du Seigneur, que le le Domaine eſt ſujet à très-peu de mutations; il en eſt de même de celui du vaſſal. Il n'y a donc point d'inconvénient en commençant la feuille des biens avoués, pour le Domaine, de le tranſcrire par tenans & abutans, & il ne faut point regretter le peu de tems qu'on emploiera à ce détail des Domaines du vaſſal. C'eſt connoître ſon propre bien que de connoître celui de ſon vaſſal, puiſqu'anciennement il étoit Domaine de la Seigneurie; & qu'à chaque mutation par vente, le Seigneur peut l'y faire rentrer par le retrait féodal, & que cette connoiſſance ſert de baſe à la perception des droits ſeigneuriaux en cas de mutation.

III.2. Il en eſt de même de ſon fief, puiſqu'il a été dit à l'égard du Seigneur, que les fiefs recevoient très-peu de variations. Son détail eſt intéreſſant, puiſque c'eſt un bien qui doit au Seigneur, non une ſomme fixe à chaque mutation, mais proportionnée à la valeur du fief, & que d'ailleurs ce ſera d'après ces extraits qu'on formera le blâme des nouveaux aveux des vaſſaux, conformément à celui des anciens aveux qui aura été trouvé le plus étendu. Or, pour tous ces objets il faut avoir une connoiſſance très-détaillée du bien du vaſſal, tant en Domaine qu'en fief. A l'égard de ces extraits, il y a un petit arrangement à obſerver, qui met de la netteté dans l'ouvrage; c'eſt, quand il y a des arriere-fiefs, de ployer la feuille en deux dans ſa longueur, comme il a été dit ſur le premier *folio*, ce qui donne deux petites colonnes dans le milieu. Le Domaine du vaſſal aura été détaillé dans toute la largeur de la page, excepté la grande marge, mais ſon fief ſera reculé d'une petite colonne. Si ce fief a un arriere-fief, on recule encore d'une colonne, & par ce moyen le ſeul coup d'œil annonce la diſtance où ſont de la ſeigneurie, les mouvances même du vaſſal. (*Voyez* le modele au N°. IV).

III.3. Le cenſif eſt auſſi très-intéreſſant à connoître dans un grand détail, puiſque le vaſſal doit payer les profits à proportion de ce cenſif, ſur lequel il perçoit le douzieme denier en cas de vente des héritages qui le compoſent. Ces cenſifs d'ailleurs étant réunis, montreront toute l'étendue de la Terre: il eſt vrai que ce cenſif eſt embarraſſant à extraire. On verra par la ſuite, qu'il n'y a rien de ſolide dans la réunion des parties qui le compoſent; chaque partie augmente & diminue de moment à autre. (*Voyez* extraits d'actes pour les cenſifs du Seigneur qui veut faire ſon Terrier, Article IV, même Chapitre). Ils exigent une feuille pour chaque portion de terre exprimée dans les déclarations, quoique cela ſoit conſidérable. Ce n'eſt pas à dire qu'il faille prendre tous les joignans du cenſif de ſes vaſſaux: mais il eſt bon de prendre ſur chaque piece, les joignans immuables, comme capables de faire connoître l'étendue d'un censif par les noms des chemins, des rivieres, & autres joignans immuables y énoncés. On a dit impossible, parce qu'outre les renvois sans fin qui seroient occasionnés par les unions & désunions des parties du censif; on perdroit même après tout ce travail, la filiation des censitaires. En effet, si on considere que dans l'intervalle qui se trouve entre les changemens de vassaux par mort ou vente, il se fait dans les censifs un grand nombre de mutations: que dans leurs aveux ils ne doivent au Seigneur que la déclaration de leurs censitaires actuels, & non l'indication de ces mutations intermédiaires arrivées dans leur censif; on verra qu'il n'est pas possible au Seigneur suzerain de tenir un état suivi de ce qui arrive dans le censif de son vassal; il a assez d'occupation de tenir le sien propre en bon état, & ce seroit une vraie chimere que de vouloir entreprendre le même travail sur le censif de ses vassaux. Il faut donc se contenter à leur égard de prendre les différentes pieces d'héritages avec leurs joignans immuables: il ne faut cependant point serrer les articles, quoiqu'on ne s'attende gueres de retrouver dans les aveux suivans la même division des terres, pour joindre dans l'extrait l'indication des nouvelles pieces sur les mêmes portions d'héritages. Il se peut cependant trouver quelque détail de censif à peu près le même que le précédent, & alors on n'a pas la peine de récrire en entier un détail qui a si peu varié. La copie des pieces du censif, ainsi abrégée, fait beaucoup plus facilement connoître l'étendue & la valeur de ce censif, lors de la ventillation du fief; & les extraits du censif du vassal ont toujours les avantages généraux de réunir dans une même liasse, tout ce qui regarde un même fief, dont les pieces sont éparses dans l'ordre chronologique du chartrier, & de faciliter la lecture si les pieces sont mal écrites; car quelquefois elles parviennent à une telle antiquité qu'elles s'effacent, & leur difformité se joignant à l'antiquité des caracteres, rend leur lecture fort embarrassante. Il est donc bon, tandis qu'on est au fait de ces anciennes écritures, de s'en assurer une idée nette par la transcription presque entiere de ces censifs.

IV. 1. Modèle d'extrait pour les fiefs, ci-à côté (1).

---

(1) *Nota.* On doit laisser en blanc le *verso* du folio ci-à-côté, pour y placer la suite de l'indication des notes. Il ne faut extraire les biens avoués que sur le *recto* de la feuille suivante. Ce n'est que pour ne pas laisser inutilement une feuille blanche dans l'imprimé, que l'on a placé sur le verso les biens avoués. Cette même note servira pour les biens déclarés au censif, ci-après, page 46.

IVe MODELE. *EXTRAIT POUR LES FIEFS.*

VILLERONGNEUX, Paroisse de Villerbon, mouvant de Bury.	Janvier 1366.	AVEU,	Par Jacques Ligier.
	Déce. 1369.	AVEU du Seigneur de Bury, dans lequel il porte au nombre des Vassaux	Jacques Ligier.
	. . . 1452.	AVEU,	Par Jeanne Ligiere, veuve de Hemery-François.
	12 Mai 1460.	AVEU du Seigneur de Bury, dans lequel il porte au nombre des Vassaux	Ladite Jeanne Ligiere.
	6 Fév. 1531.	SOUFFRANCE de foi & hommage,	Aux enfans de René de Maillé.
	24 Mars 1559.	VENTE mentionnée en l'acte subséquent.	Par François le Breton à Pierre Gallois.
	8 Juin 1563.	FOI & hommage,	Par ledit Gallois.
	13 Sept. 1629.	FOI & hommage,	Par Daniel de Launay.
	15 Fév. 1655.	FOI & hommage,	Par Marguerite-Anne de Launay, veuve d'Aymar le Cocq.
		VENTE par échange, mentionnée en l'acte subséquent,	Par la veuve le Cocq à Jacques Charron.
	22 Oct. 1698.	FOI & hommage,	Par Jean-Jacques Charon.
	10 Juin 1705.	OPPOSITION du Seigneur de Bury à l'union & incorporation de la Seigneurie de Villerongneux au Marquisat Pairie de Menars.	
	25 Juill. 1719.	FOI & hommage,	par Michel-Jean-Baptiste Charon, Marquis de Menars.

BIENS AVOUÉS.

1. Le hébergement de Villerongneux, vergers, courtils, & tout ce que les murs encloent, contenant 2 arpens. 1366.
2. 6 arpens de vignes en 3 pieces. 1366.
3. 12 mouées de terres. 1366.
   Entre le chemin qui va de Blois à Poitiers d'une part. 1366.
   D'autre, entre le chemin de Blois au Mans. 1366.
4. La garenne. 1366.
5. Le colombier assis devant ledit hébergement. 1366.
6. 10 s. de menus cens en ventes & reliefs. 1366.
7. 14 septiers d'avoine de rente. 1366.
8. 25 s. de rente due par Guillot Duvergier. 1366.
9. Droit de rouage. 1366.
10. Voirie de 7 s. 6 d. 1366.
11. 9 d. de fouage. 1366.
12. 2 chapons. 1366.

Fief mouvant de Villerongneux, & arriere-fief de Bury.

1. Le hébergement de Villeruche, en maisons, courtils, vergers, haies, & bois environ ledit hébergement. 1366.
2. 7 quartiers de vignes. 1366.
3. Une mouée de terre. 1366.
4. Le four bannal. 1366.
5. 18 s. 9 d. de menus cens. 1366.
6. 4 liv. de taille. 1366.
7. 4 septiers de froment rente. 1366.
8. 3 boisseaux de méteil. 1366.
9. 7 corvées d'homme & une de femme. 1366.
10. 11 aireaux à Villeruche. 1366.

Fief mouvant de Villeruche, arriere-fief de Villerongneux, & second arriere-fief de Bury.

1. Le hébergement du Tremblay. 1366.
2. 6 mouées de terres. 1366.
3. 5 s. cens. 1366.

Fief mouvant de Villerongneux.

1. Le hébergement de Launay. 1366.
2. 10 arpens de bois. 1366.
3. 9 arpens de prés. 1366.
4. 8 arpens de vignes. 1366.
5. 32 septerées de terres gangnables. 1366.

Nota. *Le précédent aveu s'est trouvé si peu conforme avec celui de 1452, ci-après, qu'on a été obligé de le détailler comme le premier.*

1. La moitié par indivis du lieu & métairie appellé Villerongneux, comme il se comporte, en une grange, cour, masure, où jadis avoit maison close à murs, un portail de pierre faisant l'entrée d'icelui lieu, de courtils derriere les murailles, à présent en friches, & buissons, un marché devant le portail dudit lieu, contenant tout environ 5 arpens de terres, dans lesquels étoit compris un colombier qui depuis est fondu. 1452. 1460.
   Joignant à Jean Robert. 1452. 1460.
   Et au chemin de Villerongneux à Villeséquence. 1452. 1460.
   Abutant sur les terres Perret Queslin, de solere. 1452. 1460.
2. Une minée de terre au réage du colombier. 1452. 1460.
   Joignant aux hoirs Pierre Verqueue. 1452. 1460.
   Et fait chevailles de plusieurs autres Terres. 1452. 1460.
3. Une minée de terre près celle susdite, au pendant dudit colombier. 1452. 1460.
   Joignant au long de la terre Perret Queslin. 1452. 1460.
   Et aux terres des hoirs Goulioust. 1452. 1460.
4. 1 arpent au lieu dudit colombier, même réage. 1452. 1460.
   Joignant aux terres des Dames de Monée. 1452. 1460.
   Et aux terres Charles Duvivier. 1452. 1460.
5. &c. *Toutes les Terres sont détaillées en cette forme.*

1. Le lieu & métairie de Villeruche, comme il se comporte, de masures où avoit maisons, grange & pressoir. 1452. 1460.
2. 4 arpens de friche, jadis vigne. 1452. 1460.
3. 4 mouées de terre. 1452. 1460.
   La sente de Méroles à Jarday, passant au milieu. 1452. 1460.
4. Le tout à une foi & hommage & roncin de service.

1. Un lieu & hébergement à Tremblay, masure, grange, verger, buisson, contenant une minée. 1452. 1460.

2. 2 mouées & demi de terre audit Terroir de Tremblay, en plusieurs pieces. 1452. 1460.

1. Le lieu de Launoy, comme il se comporte, de maison, cours, courtils, clos à fossés, tout en un tenant, contenant un arpent, Paroisse de Cour-lès-Cheverny. 1452. 1460.

2. 10 arpens de bois & buissons auditlieu. 1452. 1460.

3. 9 arpens de prés & pâtis à Villerongneux, 1452. 1460.

4. 2 septerées de friche appellées la Roche de Launay, de l'autre part de la riviere de Cosnon. 1452. 1460.

5. 3 arpens de friche jadis vigne. 1452. 1460.

6. 2 septerées de terre appellée la Marniere de Launay. 1452. 1460.

7. 2 septerées audit lieu. 1452. 1460.

Sur cet extrait, qui a été fait du fief de Villerongneux, il faut remarquer à la date du 24 Mars 1559, qu'on a mis dans la colonne des vassaux, le nom du vendeur, parce qu'il n'avoit pas encore paru dans le fief par aucun acte féodal, & ce même acte sert de filiation pour deux vassaux à la fois. On a mis dans ce modèle un premier détail du fief tel qu'il avoit été fourni en 1366. Ce détail est beaucoup trop concis; mais ces anciens actes ne donnoient gueres plus d'étendue aux descriptions des fiefs. L'espace de 36 années qui s'est écoulé entre cet ancien aveu & le suivant de 1452, est cause qu'il s'est trouvé une si prodigieuse différence dans la consistance du fief, qu'on a été obligé d'en recommencer le détail en entier par l'aveu de 1452, n'étant pas possible d'en rapprocher les objets. On saura par-là comment il faut se conduire quand les aveux sont si peu semblables.

On voit dans la premiere feuille, que la premiere de ces deux dates est celle de l'aveu du Seigneur suzerain, qui reporte ce fief au Roi. Comme il y avoit si peu de distance entre l'aveu du vassal & le sien, il l'a copié en entier dans son aveu; c'est ce qui fait la grande conformité de ces deux actes, & qu'on ne voit aucune variation malgré la différence des dates: si l'un &

l'autre eussent été des aveux de vassaux, il y auroit pu avoir de la différence.

Sur l'un & l'autre extrait, il faut remarquer la position des fiefs & arrieres-fiefs. Le fief de Villeruche qui est reculé d'une colonne, n'est plus un fief mouvant de Bury, c'est un fief mouvant de Villerongneux, & arriere-fief de Bury. Le fief du Tremblay est mouvant de Villeruche, arriere-fief de Villerongneux, & second arriere-fief de Bury. Après avoir décrit son fief de Villeruche & son arriere-fief du Tremblay, dépendant de Villeruche, le vassal reprend le détail d'un autre fief mouvant directemeut de lui, le fief de l'Aunay; c'est ce qui fait qu'on en a rapproché le détail d'une colonne. On en a fait note à côté de chacun de ces fiefs & arriere-fiefs; il ne faut pas faire pareilles notes quand on fera ces extraits : la seule position des biens avoués suffit pour faire connoître leur distance de la seigneurie.

On a cotté chacun des articles de ces fiefs & arriere-fiefs, afin que si on a quelque réflexion à faire sur l'un de ces articles, on puisse le citer par sa cotte, ce qui abrege beaucoup. Ainsi on peut remarquer sur ce dernier fief de l'Aunay, que les trois premiers articles de l'aveu de 1366, sont conformes aux trois premiers articles des aveux de 1452 & 1460, & que l'article V de l'aveu de 1366 est assez considérable pour répondre au grand détail des douze ou treize autres articles des aveux de 1452 & 1460. Sans ces cottes, il auroit fallu beaucoup de paroles pour énoncer cette remarque.

Il ne faut point omettre quand on fait une nouvelle feuille, de cotter la feuille, & la timbrer du nom du fief, & des autres indications qui servent à la distinguer d'un autre fief du même nom, s'il en existoit dans la seigneurie; car dans ce cas, ou ils ne sont pas de même mouvance, ou du moins ils ne sont pas de même Paroisse, ce qui suffit pour les distinguer.

V. Tandis qu'on fait ce grand travail, il faut tout de suite faire tout ce qui peut en éviter d'autre par la suite. On a dit que la connoissance si détaillée du fief étoit fort utile : une idée sommaire ne l'est pas moins: elle se fait sur une feuille particuliere qu'on insere sous la premiere de l'extrait du fief, afin qu'elle ne soit point perdue; & là, on voit d'un coup d'œil ce que le vassal a possédé en Domaine, en fief, & en censif dans les différens tems où il a été fourni aveu, & les différentes situations de ce Domaine, dont les terres labourables peuvent avoir été mises en prés, les bois défrichés & mis en terres labourables, les vignes avoir été plantées en bois; & l'on reconnoît si la totalité d'arpens dont étoit composé ce Domaine a été conservée jusqu'au jour où le vassal veut rendre aveu. On fait la même opération sur les fiefs qui relevent de lui, & sur son censif; le tout n'est pas fort long, & étant fait, est très-commode pour prendre la véritable idée d'un fief. Voyez le modele ci-à-côté.

Nota. A l'égard du Domaine & des fiefs mouvans du fief, on ne prétend pas qu'il puisse y avoir autant de variations qu'il en a été proposé dans le modele d'extrait ci-devant donné; il n'est destiné qu'à donner une idée de la maniere dont on peut connoître sommairement toutes les variations d'un fief, & c'est une chose fort utile. On prouve alors au vassal par un coup d'œil sur cet extrait, qu'il a été long-tems en possession de la même quantité de terrain; ou si tous les aveux n'ont pas donné une même quantité de terrain, on lui présente celui de ses aveux qui est le plus considérable, & le plus utile par conséquent au Seigneur; & on force le vassal à fournir aveu de cette même quantité, car il n'a dû rien perdre de tout ce qu'il a reconnu anciennement comme à lui concédé par le Seigneur.

VI. Tous les fiefs qui relevent d'une Terre ne sont pas considérables, & n'ont pas des Seigneurs particuliers. Plusieurs font partie des Terres voisines de la seigneurie. On connoît aisément les mutations des Seigneurs de ces Terres voisines; mais souvent on ignore quels sont les fiefs qui se sont ouverts par ces mutations, comme étant dans leurs mouvances, à moins qu'on n'ait une Table alphabétique de ces Terres voisines, & qu'on n'ait marqué sur chacune quels sont les fiefs de la seigneurie qui y sont annexés. Voyez le modele ci-après, page 42.

V. *Forme.*

V. *Forme d'un Extrait de l'Extrait d'un Fief.*

FIEF DE VOLLAY.

SON DOMAINE.

	Aveu de 1440.	Aveu de 1550.	Aveu de 1660.
En vignes.	4 arpens.	2 arpens.	1 arpens.
En bois.	2	4	3
En prés.	8	40	45
En terres labourables	50	18	14
	64.	64.	63.

Son Fief du Bois-Tesnier.

Vignes.	2	2	6
Bois.	1	1	3
Prés.	4	20	8
Terres labourables.	25	9	15
Etang.	2	2	2
	34.	34.	34.

Son Fief de Saint-Georges.

Vignes.	5	4	6
Bois.	6	7	5
Prés.	7	6	8
Terres labourables.	8	9	7
	26.	26.	26.

Son Censif.

Vignes.	100	70	80
Bois.	10	30	20
Prés.	60	80	60
Terres labourables.	30	20	40
	200.	200.	200.

F-

VI. *TABLE des Fiefs mouvans du Comté de Rostaing, & des Terres & Seigneuries du Domaine desquelles ces Fiefs font partie.*

Fiefs mouvans du Comté de Rostaing.	*Terres des Seigneurs qui les possédent en Domaine.*
La Borde. La Foucaudiere. Le tiers de la grande dîme de Corméré	Candé.
Le Colombier de Lande.	Herbault.
Piégu. Les Basses Valettes.	Monteaux.
Prés sis à la Barre. Prés en la Prairie d'Onzain. La Rente de l'Abbé. La Rente de la Rouaudiere. La Renaudiere.	Seillac.

ARTICLE IV.

Extraits pour les Censifs.

I. Les déclarations des censitaires dépouillées par article, & dans toute l'étendue que ces articles peuvent avoir de tenans & abutans, font connoître les limites d'une Terre, & l'étendue des droits du Seigneur, de son censif, de sa justice, &c. contre les prétentions d'un autre Seigneur, ou contre celles des vassaux ou censitaires qui voudroient s'exempter de payer les droits. Cela borne aussi les censifs que les Seigneurs voisins peuvent avoir au milieu de la Seigneurie. Dans cette Terre, il y a beaucoup de fiefs dans l'étendue des six Paroisses dont elle est seigneuriale. Ces fiefs ont des censifs dont il faut connoître les bornes. Ces extraits de déclarations font aussi retrouver des rentes dues par les Particuliers.

II.1. Il faut faire une feuille pour chaque portion de terre exprimée dans les déclarations, c'est le seul moyen de réunir quelques titres sur les mêmes clos, & sur les parties de chacun de ces clos. Il est vrai que cela est considérable, car la roture se divise en une infinité de petits morceaux: un Paysan se contentera de trouver dans la succession de son pere un demi-arpent de terre à partager entre ses quatre freres, & ils en prendront chacun une boissellée. C'est un effet fort petit, mais ils le cultivent, & cela leur rapporte: c'est un petit fonds, & on le préfére à un argent comptant qui s'échappe. Cette quantité immense de subdivisions est fort embarrassante pour les Seigneurs, dans les Pays où les biens n'ont point de ces grandes divisions par tenures, dont les possesseurs sont solidaires pour les charges de l'héritage.

II.2. Vu ce qui a été dit en l'article précédent sur la multiplicité des objets du censif, & de la nécessité cependant de les mettre par feuilles séparées, il est évident que dans une grande Terre cela fait une dépense de 15 ou 20 rames de papier, dont il restera une grande partie en blanc. Ceux qui regretteront une cinquantaine d'écus que cette dépense peut occasionner, peuvent en diminuer la moitié, en faisant faire le censif sur des feuilles *in-quarto*. C'est cependant un petit objet sur la totalité de la dépense; mais cette réduction seroit sans inconvénient.

II.3. Voyez même chapitre, article I, forme des feuilles sur lesquelles on inscrit les extraits du Domaine, des fiefs, & du censif, page 24.

II.4. Modele d'un extrait pour le censif. Voyez ci-contre.

III. Le grand objet des extraits est sans doute de réunir toutes les connoissances qu'on peut tirer des titres, sur tous & chacun les objets du censif; de pouvoir connoître toutes les charges de terrage & de rentes dues dans un même clos; d'avoir la filiation des censitaires à qui les héritages ont été donnés sous ces charges, & de voir quels sont les héritages qui en sont actuellement tenus; ce qui est essentiel, sur-tout pour faire revivre les clauses des baillées originaires à l'égard des droits imprescriptibles.

Il semble d'abord qu'on pourroit se contenter de mettre, ainsi qu'il vient d'être dit, chaque article sur des feuilles séparées : ensuite quand tous les extraits seroient finis, on combineroit ensemble les noms des hommes de chaque clos, après les avoir rangés entr'eux par ordre alphabétique. On confronteroit aussi la quantité de terrain énoncée dans les extraits, on réuniroit ensemble toutes les parties des extraits qui regarderoient les mêmes portions du même clos; on pourroit même alors pour chaque portion du clos, &, afin de diminuer les volumes, reporter sur une même feuille tout ce qui seroit provenu des connoissances répandues dans ces différentes feuilles trouvées sur cette portion du clos. Mais cette réunion, comme on le sent, est presque une nouvelle copie; il faut même y ajouter la date de la piece, sa nature, & le nom du censitaire sur la premiere feuille, & sur la seconde les nouveaux joignans, avec le chiffre qui désigne l'année de la nouvelle piece, ou simplement ce chiffre, si les joignans sont les mêmes que dans la piece précédente. Il faudroit faire cette opération sur la feuille qui auroit reçu l'extrait de la plus ancienne piece, afin d'éviter le trouble de l'ordre chronologique qu'il faut toujours tâcher de prévenir.

Mais ce travail seroit long, rendroit beaucoup de feuilles inutiles, & ne rempliroit pas tout ce qu'on peut désirer en cette matiere. Sa lon-

II. 1. *Modele d'un Extrait pour le Censif.*

EN LA VARENNE 22.	17 Mai 1537.	Déclaration	Par Jean Potier.
PAROISSE D'ONZAIN. CENSIF D'ASNIERES.	3 Oct. 1551.	Déclaration	Par Pierre Chainpaudot, pour la moitié, à cause de Jeanne Potier sa femme.
	Dudit jour.	Déclaration	Par Jacques Champin, à cause de Renée Potier sa femme, pour l'autre moitié.
	20 Av. 1596.	Déclaration	Par Pierre Champin, pour la totalité.
	13 Juin 1638.	Déclaration	Par René Champin.

Nota. Voyez la note sur les extraits des fiefs, pag. 34.

BIENS DÉCLARÉS.

Une minée de terre en la Varenne, 1537, 1551, 1596, 1638.

Joignant d'amont au chemin d'Asnieres à Escures, 1537, 1551, 1596, 1638.

D'aval, à Jacques Gallet, à cause de sa femme, 1537. Louis Gallet, 1551. Jean Mignon, 1596. Charles Valin, 1638.

De galerne, sur le chemin de Chouzy à Onzain, 1537, 1551, 1596, 1638.

De solere, sur la sommiere des terres, 1537, 1551, 1596, 1638.

Chargée du terrage à la 12e gerbe, 1537, 1551, 1596, 1638.

Nota. On voit par ce modele comment la position de cette minée de terre est établie, par ce qui résulte de la conférence des actes énoncés sur le premier folio. On peut y remarquer qu'il n'y a point de variation à l'égard des tenans immuables, & qu'il y en a au contraire beaucoup à l'égard des tenans muables, qui changent nécessairement par la grande distance des années & par la mortalité des voisins de cet héritage.

gueur eſt évidente, puiſque ces combinaiſons de noms d'hommes ou de quotité de terrain ne laiſſent pas de demander beaucoup de tems. Il ſe trouveroit, après la réforme, qu'on auroit employé près d'un quart de papier plus qu'il n'étoit néceſſaire, ſi on eût tout d'un coup procédé à réunir ſur les mêmes feuilles toutes les connoiſſances qu'on eût pu tirer des actes pour chacun des clos. Enfin, ce plan de travail manque en deux points : le premier, eu ce qu'il ne fournit aucun moyen de réparer les erreurs que les cenſitaires font entrer dans leurs déclarations, à l'égard de la dénomination du clos, à qui les uns donnent un nom, les autres un autre : ſecondement, il n'ouvre aucune voie pour rendre utiles des pieces ſans date, dont les chartriers ſont ſouvent trop pourvus.

Annoncer les défauts de cette route, & en preſcrire une nouvelle, c'eſt s'engager à remédier aux inconvéniens, & à procurer les avantages qu'on regrette de voir omis par la premiere. Cependant, celui de la longueur ſera peut-être un peu augmenté dans le plan qui va être propoſé ; mais on y trouvera les avantages deſirés, & ils ſont aſſez intéreſſans pour qu'on doive la préférer.

III.1.[1] & III.2.[1] Il faut donc former deux tables alphabétiques, l'une des clos, l'autre des noms des cenſitaires employés dans les actes dont on fait l'extrait. Pour la table des cenſitaires, on met au haut du bulletin particulier à chacun d'eux le nom du cenſitaire, & au-deſſous la nature & la date de la piece dont eſt fait extrait ; & ſans tenans & abutans, toutes les portions de terrain qu'il paroît par ladite piece avoir acquiſes, ou dont il paroît avoir paſſé ſa déclaration. Voyez le modele ci-derriere. Pour la table des clos, on ne met ſur les bulletins qu'une ou deux lignes pour chaque clos ; ces deux lignes ſont remplies de ſon nom, & des chiffres qui marquent combien il y a eu déja de feuilles faites ſur ce clos. Il faut toujours mettre ſur chaque clos ſa mouvance. Voyez le modele ci-après.

L'une & l'autre de ces tables ſe fait ſur des petits bulletins de demi-quarré, qui ſe placent par tas, enveloppés chacun d'un quarré de papier ; le tout ſe met dans des ſerre-papiers placés ſur le bureau du travail, de deux pieds & demi de hauteur, ladite hauteur diviſée par des petites planches de quatre en quatre pouces ; ces ſerre-papiers doivent être fermés par derriere, afin que le vent ne puiſſe jetter à bas les bulletins : ils doivent être de telle longueur que celle du bureau le peut permettre, & que le demande la multitude des bulletins. Au bas de chaque tas, on met des petites banderolles de papier, qui portent les lettres alphabétiques des noms des cenſitaires contenus dans ledit tas ; elles s'attachent, comme

III. 1. [1]. *Modele des bulletins des censitaires.*

RENÉ CHAMPIN. *Déc.ᵒⁿ*. 13 *Juin* 1638.

Maison & appartenances, contenant ½ arpent,	à *Asnieres* 26.
½ boisselée de jardin,	
1 boisselée de jardin,	
½ boisselée de chenevreau,	

1 minée de terre en la *Varenne* 22.
¼ de vigne aux grandes *Vignes* 13.
½ arpent de vigne aux *Daves* 1.

Censif d'Asnieres.

III. 2. [1]. *Modele*

III. 2. [1]. *Modele des bulletins des clos du censif.*

A.

L'Abbaye (Onzain), 1. 2. 3. 4. 5. 6.

L'Abbaye (Monlineuf), 1. 2. 3. 4. 5. 6. 7. 8. 9. 10. 11. 12. 13. 14.

L'Abisme (Onzain), 1. 2. 3.

L'Abisme (Bury), 1. 2. 3. 4.

Aireau (Bury), 1. 2.

Aireau (Chéramant), 1. 2. 3. 4. 5.

Aireau (Vauliard), 1. 2.

Aireau (Onzain), 1. 2. 3.

Aunay)Bury), 1. 2, 3. 4. 5. 6. 7.

Aubépin (Villiers), 1. 2. 3.

Aubépin (Bury) 1. 2. 3. 4. 5. 6. 7 8. 9.

Asnieres (Asnieres), 1. 2. 3. 4. 5. 6. 7. 8. 9. 10. 11. 12. 13. 14. 15. 16. 17. 18. 19. 20. 21. 22. 23. 24. 25. 26. 27. 28. 29. 30.

Armines (la Bretonnerie), 1. 2. 3. 4. 5.

Ardilliers (Onzain) 1.

il a été dit, sur les extraits en général, à l'égard des banderolles qui sont décrites N°. II, page 24. Il n'y a que les noms des censitaires qui tiennent beaucoup de place : ceux des clos ne forment qu'un seul petit cahier, quelque multipliés qu'ils puissent être, parce qu'on ne met qu'une feuille par chaque lettre. Il ne faut à ces bulletins aucun pli particulier, ils ne contiennent point d'objets qui demandent d'être distingués les uns des autres : l'ordre du travail est simple.

III.2.2. Pour en donner une idée, on suppose que le travail est déja commencé, & qu'il y a déja des bulletins qu'on peut confronter; en ce cas on prend une piece. Si c'est une acquisition, le nom du Vendeur est exprimé au contrat; on va alors chercher dans les bulletins des censitaires le nom de ce Vendeur, pour voir s'il n'auroit pas passé déclaration de ces mêmes biens qu'il vend par le présent acte. S'il a passé déclaration, son bulletin porte tous les articles dont il a passé sa déclaration, & on les confronte avec l'acquisition dont on veut faire l'extrait : si tout se trouve conforme, on va chercher dans les serre-papiers du censif, à leur ordre alphabétique, tous les articles extraits de cette déclaration antérieure, qui se trouvent conformes avec la présente vente. On n'a pas même besoin de chercher beaucoup, car le bulletin qui a annoncé la déclaration de l'ancien censitaire pour tel clos, porte aussi les chiffres dont ont été timbrées les feuilles où ont été faits les extraits des articles de ladite déclaration; il porte sur chacun de ces articles, *clos tel, feuille* 80, ou telle autre qui aura été cottée. Quand on tient ces extraits, on ne fait qu'ajouter sur le premier *recto* de chacune feuille de ces extraits, l'indication de la nouvelle piece, sa nature, sa date, & les noms de l'Acquéreur & du Vendeur; sur le second *recto*, ou autre suivant, qui contient les biens déclarés, on met sur chaque article la date de l'année où l'acquisition a été faite; si quelques joignans sont changés, on marque les changemens, & on ajoute la date de l'acquisition; si au contraire on ne trouve point que le Censitaire-Vendeur ait rendu de déclaration, il faut faire une nouvelle feuille, telle qu'elles ont été décrites plus haut, & on l'ajoute à toutes celles qui ont été faites jusques-là pour ledit clos. Il ne faut pas manquer de timbrer cette derniere feuille de la cotte qui suit le chiffre mis sur la feuille qui a été précédemment insérée audit clos. Pour cela il faut connoître cette cotte : il semble pour la connoître qu'il soit nécessaire de se lever à chaque instant pour aller aux serre-papiers voir ce clos, & cette derniere cotte.

III.1.2. C'est à ce mouvement trop fréquent que remédie le petit cahier des clos dont on a parlé ci-dessus. Toutes les fois qu'on a fait une nouvelle feuille pour un clos, on a marqué dans ledit petit cahier, à l'article de ce clos, le numero dont a été timbrée cette feuille nouvelle : au moyen de quoi, sans être obligé de se lever, & par la seule inspection du petit cahier, on sait quelle cotte on doit donner aux nouvelles feuilles. Chacun des Travailleurs se passe ce petit cahier quand il en a besoin, & y inscrit pour chaque clos les cottes nouvelles des nouvelles feuilles qu'il a été obligé de faire, faute de retrouver des extraits déja faits de la partie du clos sur laquelle il travaille. Si ce n'est pas une acquisition qu'on extrait, mais une déclaration dans laquelle on n'aura point mis le nom du précédent propriétaire, il n'est gueres possible de se retrouver; cependant, comme assez ordinairement c'est un fils ou un neveu ou niece non mariée, & de même nom que leur oncle, qui leur succédent, souvent en recherchant le même nom dans la table alphabétique des censitaires, on retrouve le même bien déclaré par le pere ou l'oncle; alors on fait ce qui a été dit plus haut; quand on retrouve les mêmes biens déclarés précédemment, on reporte sur la même feuille les nouvelles connoissances acquises par la nouvelle déclaration. Il en est de même à l'égard d'une femme veuve qui passe déclaration, on cherche le nom de son mari; si après ces recherches, on ne trouve rien, on fait une nouvelle feuille comme dans le cas susdit de l'extrait d'un contrat d'acquisition.

Dans ce qui vient d'être dit, on a dû remarquer que si le censitaire déclare des héritages placés en différens clos, il faut faire la même opération pour chacune des parties de sa déclaration.

La table des noms des censitaires sert aussi très-avantageusement pour ne pas faire un usage inutile des cueilloirs. Si un censitaire est employé dans un cueilloir pour une certaine portion de biens, on cherche son nom dans la table des noms des censitaires, on trouve que peu de tems auparavant ce censitaire avoit passé déclaration, & que le cueilloir n'est qu'un extrait des déclarations; on laisse-là ce cueilloir. Si au contraire on ne le trouve pas, on profite de l'indication du cueilloir, & on en fait note. C'est encore un avantage qui ne se trouve pas dans le premier plan, & qui doit engager à préférer celui-ci, malgré sa longueur, puisque c'est le seul moyen de ne perdre aucun des avantages que l'on peut retirer de ses titres.

Ces tables n'ont pas la seule utilité de réunir, sous un seul extrait, tout ce qui regarde chaque partie des clos, on peut alors tirer des connoissances des pieces sans date; car dans ces pieces, il est au moins parlé des hommes qui les ont faites; si c'est un contrat d'acquisition ou une déclaration, on en tire les lumieres qu'elles présentent; de même on rectifie ſouvent les erreurs des noms des clos, que les cenſitaires ont introduites dans leurs déclarations. Quand par le nom du cenſitaire on a retrouvé les mêmes biens, & que ces biens ſont reconnus, par pluſieurs extraits conformes les uns aux autres, être d'un clos différent de celui énoncé dans la derniere piece, on réforme alors cette erreur. Sans cette table des noms des cenſitaires, il ſeroit impoſſible de remédier à cette variation des noms des clos, ce qui cependant eſt néceſſaire pour une parfaite défenſe de la cenſive du Seigneur.

IV. Pour pouvoir abréger les extraits des déclarations, cueilloirs, & comptes des Receveurs, il faudroit ſavoir quelles parties du cenſif & de la juſtice pourroient être conteſtées par les Seigneurs voiſins; dans quel clos les cenſitaires refuſeroient de reconnoître les droits auxquels ils paroiſſent ſujets par les anciennes déclarations; on ſe contenteroit de prendre note de ceux qui ſeroient l'objet de la conteſtation, & notamment de tous les clos qui borneroient la Terre, ou les cenſifs que les autres Seigneurs pourroient poſſéder dans l'intérieur de la Terre. Mais avant que les extraits aient été faits, on ne peut y rien connoître, & parce qu'il n'y a pas plus de vraiſemblance d'un côté que de l'autre, & que les conteſtations peuvent être mues ſur chacune des parties de la Terre, il faut ſe réſoudre à faire les extraits dans la plus grande étendue, & des plus anciens titres, afin qu'il n'y ait aucun coin de la Seigneurie qui ne puiſſe être défendu autant qu'il y a de pieces entre les mains du Seigneur. Quelle peine n'auroit-on pas ſi l'attaque ſe portoit d'un côté imprévu, & qu'il fallût recommencer à viſiter ce grand nombre de pieces ? D'ailleurs, c'eſt un travail une fois fait, & utile à toujours.

ARTICLE V.

Extraits des Aveux rendus par les Seigneurs.

Les aveux que les Seigneurs rendent à leurs ſuzerains doivent être par copies collationnées dans leur chartrier. Ces aveux contiennent le détail du Domaine du Seigneur, de ſa féodalité, & de ſon cenſif. Quand ces pieces ſont en bonne forme, elles peuvent être regardées comme d'excellens titres, & il en faut faire le dépouillement à l'égard de chacun de ces objets, comme on l'a fait des pieces du Domaine, des aveux des vaſſaux, & des déclarations des cenſitaires.

ARTICLE VI.

Extraits des Minutes des Notaires.

I. *Extraits des pieces qui regardent directement la Seigneurie.*

II.1. *Extraits des pieces faites entre des tiers, où la Seigneurie peut être intéressée.*

II.2. *Marquer le dépôt sur les extraits.*

I. Quand on trouve dans le chartrier les minutes des Notaires, elles peuvent être d'un grand secours, pour toutes les pieces du Domaine, des fiefs, & du censif qui y sont contenues. On peut les extraire, & mettre les extraits dans chacun des dépôts du Domaine, des fiefs, & du censif, si on manque d'expéditions. Ainsi, pour le Domaine on extrait les baux de la Seigneurie, des acquisitions & échanges faites par le Seigneur, des ventes de bois; pour les fiefs on extrait les minutes des foi & hommage, aveux & dénombremens; pour les censifs, les minutes des déclarations.

II.1. Mais il y a des actes qui, quoique faits entre particuliers, ne laissent pas d'intéresser beaucoup le Seigneur, non pour son Domaine, & peu pour ses fiefs, car personne ne peut lui nuire, ni lui être utile à cet égard par des actes faits avec un autre que le Seigneur; mais le censif y est très-intéressé, sur-tout aux ventes & aux partages. Les Vendeurs ne veulent point qu'on ait recours en garentie contr'eux, faute par eux d'avoir déclaré à l'Acquéreur les charges auxquelles l'héritage étoit sujet, & que le Seigneur peut demander à chaque instant. En conséquence, les Vendeurs ont toujours grand soin de déclarer dans le contrat de vente toutes les charges d'un héritage auquel ils renoncent pour toujours par la vente qu'ils en font. Les co-partageans ont le même intérêt; en conséquence, leurs partages spécifient toujours exactement les charges de chacun des clos. Ainsi, tous ces actes de vente, partage, & autres, quoique faits entre tiers, ne laissent pas d'être très-utiles au Seigneur; il en faut faire l'extrait aussi exactement que des déclarations elles-mêmes; prendre tous les articles de chaque partie de vente, & de chaque lot des partages. Les baux par lesquels les Fermiers d'une telle métairie sont chargés de payer des rentes au Seigneur, sont encore de ces actes entre tiers, qui peuvent servir au Seigneur. Ces actes sont tous d'autant plus précieux, qu'ils sont les pieces mêmes du vassal, exemptes de tout soupçon de contrainte. On trouvera sans doute beaucoup d'autres utilités, à mesure qu'on approfondira ces pieces. En voici aſſez pour faire voir qu'elles ſont très-importantes, & qu'on ne doit pas les négliger. Les inventaires faits par les Notaires, paroîtroient devoir être utiles à établir l'étendue de la juſtice ſur les clos où le Notaire du Comté a fait leſdits inventaires. Cependant il ne faut point s'y arrêter. Ces Notaires ſont ſouvent auſſi Notaires Royaux, & par ce privilege, ils inſtrumentent dans des endroits qui ne ſont point du reſſort du Comté. D'autres, quoiqu'ils ne ſoient Notaires que du Comté, inſtrumenteront par entrepriſe de juriſdiction, ſauf contradiction. Ainſi ces actes ne peuvent pas prouver par eux-mêmes l'étendue de la Juſtice; il peut cependant y avoir dans leur détail quelque partie qui ſoit utile, il faut la recueillir.

II.2. Quand on emploie quelqu'une de ces pieces qui reſtent audit dépôt, il faut en avertir ſur la premiere feuille; après avoir marqué la nature de l'acte, il faut écrire: *Minutes de Notaire.*

ARTICLE VII.

Extraits des Pieces du Greffe.

I. *Leur utilité.*
II. *Où ſe placent ces extraits.*
III. *Avertir que les actes ſont au dépôt du Greffe, & marquer ſi c'eſt le plumitif, ou le civil, ou le criminel.*

I. Les pieces du Greffe, comme ſentence de tutelle & curatelle, appoſitions des ſcellés après décès, deſcentes de Juges pour conteſtations dans certains clos; ſentences rendues par appel des Juſtices inférieures: toutes ces pieces & autres établiſſent la Juriſdiction du Seigneur, & ſon exercice dans toute l'étendue de ſa Seigneurie: les procès criminels même la font connoître: ces pieces contiennent auſſi des condamnations contre les particuliers, ſoit pour des rentes, ſoit pour des droits de dîmes & terrages; contre les Officiers des Juſtices des vaſſaux qui voudroient étendre leur Juſtice aux dépens de celle du Seigneur. On découvrira encore beaucoup d'autres utilités de ces pieces, à meſure qu'on en fera l'extrait: on voit qu'il doit être fort ſommaire. Il faut ſavoir peſer l'importance de chaque piece, afin de ne rien mettre d'inutile.

II. S'il ſe rencontroit une piece du Greffe ſur chaque clos de la Seigneurie, cela pourroit jetter encore un nombre très-conſidérable de feuilles, ſi on en faiſoit une pour chacun de ces clos; il vaut donc mieux deſtiner la premiere des feuilles faites ſur ces clos pour y mettre de ſuite tous les actes judiciaires qui auront été faits sur cette partie de la Seigneurie. Il ne faut commencer qu'à la moitié du premier *folio*, l'intituler : *Pieces concernant la Justice de ce clos ;* suivre alors les divisions ordinaires de cette feuille ; mettre dans la premiere petite colonne la date de l'acte, dans la seconde, la nature dudit acte, & dans la grande marge, ceux qui y sont parties. A l'égard de ce qui concerne les fiefs ou le Domaine, il faut en porter les extraits à leur date sur les feuilles des fiefs & du Domaine. Les Sentences rendues sur ces objets, ne vont plus à établir la justice, mais la propriété du Domaine, & contribuent indirectement à maintenir la mouvance ; on dit indirectement, car en matiere de mouvance, le Juge du Seigneur ne peut décider les contestations ; il n'y a que le Roi qui plaide devant ses Juges.

III. Il faut que la feuille de l'extrait porte le nom du dépôt où sont les pieces, comme : *Plumitif, Greffe civil, Greffe criminel ;* car nous avons vu que toutes ces pieces n'ont point été confondues entr'elles, à cause des recherches qu'il faut faire de celles qui intéressent les Particuliers dans ces différens dépôts ; recherches qui seroient beaucoup plus difficiles, si tout étoit confondu. On citera donc :

9 Mars 1695.	Sentence de tutelle	des enfans mineurs de Jean Mercier.
	Greffe civil, ou criminel, ou plumitif.	

ARTICLE VIII.

Extraits des Comptes des Receveurs.

I. *De ceux qui ne contiennent que la recette du Domaine, & la dépense du Seigneur.*

II. 1. *De ceux qui contiennent recette des profits.*

II. 1. 1. *Des épaves & forfaitures y contenues.*

II. 1. 2. *Les recettes des rentes foncieres.*

III. *Quand on doit commencer les extraits de ces comptes.*

IV. *Il faut que ceux dont on fait l'extrait soient en bonne forme.*

V. *Comment on cite ces comptes.*

I. Si ces comptes ne contiennent qu'une recette des Fermiers du Domaine, sans spécification particuliere des Terres qui ont donné le produit dont on fait recette, on n'y peut prendre qu'une idée générale d'administration si on veut s'en amuser, ou qu'on croie y trouver quelque plan de gestion meilleure que celle sous laquelle la Terre est actuellement régie. Mais à cet égard c'est une curiosité & utilité qu'il faut réserver au Seigneur lui-même, cela n'entre point dans le travail du Terrier; la recette est plus intéressante, lorsqu'elle établit des droits du Domaine, la perception d'un terrage sur tel bien, de la dîme sur tel autre, &c.

II.1. Si les comptes des Receveurs contiennent des recettes de profits féodaux ou censuels, on peut en faire usage à l'égard des fiefs sans difficulté. On écrit sur la feuille de l'extrait du fief les profits féodaux qui en ont été payés en telle année, & on met la date du compte du Receveur. Cela est curieux, & cela peut être de quelqu'utilité. Pour les profits censuels, on en prend aussi note, quand il est marqué dans le compte pour quelle partie d'héritage ces profits ont été payés, sur-tout si les tenans & abutans sont marqués, & cela tant pour les profits de vente que pour les paiemens même de cens. Ces articles donnent la filiation des censitaires, & font toujours preuve de possession seigneuriale des clos dont ces censitaires ont payé des redevances.

II.1.1. Lorsque les lieux où ont été trouvées les épaves & forfaitures sont indiqués dans le compte du Receveur, il faut en prendre la note. Cela sert pour faire preuve de l'étendue de la Justice du Seigneur.

II.1.2. On peut ne point avoir égard aux recettes de rente, même foncieres, par-delà cinquante ans, puisqu'il ne faut que trente ans pour les prescrire, si elles ne sont jointes au cens; mais il faut prendre note des rentes foncieres dont le titre primordial est cotté, & qui n'étant pas annoncées comme jointes au cens, sont regardées comme en tenant lieu, & jouissant du même privilege.

III. Ces extraits doivent aller de front avec toutes les autres pieces, puisqu'ils peuvent donner des connoissances sur le Domaine, les fiefs, & le censif: il faut qu'ils marchent comme tout le reste dans l'ordre chronologique, & qu'on suive dans toutes les pieces, si cela se peut, la même année, au moins la même dixaine d'années.

IV. Il faut que ces registres des Receveurs soient en bonne forme, au moins par cahiers, & non par feuilles volantes; s'ils sont signés du Receveur ou quittancés du Seigneur, ou, comme j'en ai vu quelques-uns, rendus devant un Préposé à l'audition de ces comptes, signés de lui, du Juge du lieu, & de deux témoins, ou telle autre formalité qu'il aura plu

plu dans le tems donner à ces comptes pour établir leur authenticité : de tels comptes sont précieux, & les extraits n'en peuvent être que très-utiles.

V. On cite ainsi les comptes des Receveurs : Compte d'Aubourg, année. . . . . . S'il y a plusieurs années dans le même compte, il faut citer l'année du paiement & la premiere du compte. On diroit en 1695, compte d'Aubourg 1694.

ARTICLE IX.

Extraits des Cueilloirs.

I. *Leur utilité.*
II. 1. *De ceux qui ne contiennent que l'extrait des déclarations.*
II. 2. Quid, *s'ils sont apostillés du mot payé.*
III. *Comment on les cite.*

I. Les cueilloirs sont un compte de recette féodale ou censuelle. Quand ils sont en bonne forme, (*voyez* même Chapitre, Art. VIII, N°. IV, quelle peut être cette bonne forme commune à ces comptes & aux cueilloirs), ils sont très-utiles, & servent, au défaut des déclarations, à établir, comme elles, quoiqu'avec une moindre autorité, le censif dans toute la Terre, ses bornemens, sa Justice; il faut en faire un dépouillement exact, (*Voyez* au reste ledit Art. VIII, N°s. II. 1. & II. 2.) pour y voir les conditions qu'une recette de profits féodaux ou censuels doit remplir pour que l'extrait en soit utile.

II. 1. Quand un cueilloir ne contient point de payemens, mais seulement l'extrait des déclarations qui concernent chaque censitaire, on ne peut regarder ces registres que comme des projets de cueilloir. Cependant il faut y avoir égard quand les déclarations y sont mentionnées ; il faut vérifier si elles sont au chartrier; si elles n'y sont pas, il est toujours bon de prendre note des déclarations qui y sont indiquées, & des Notaires chez qui elles ont été passées. Il n'est pas vraisemblable que le Receveur ait inventé des dates de déclarations qui n'auroient jamais existé. Son exactitude doit se présumer encore davantage, si plusieurs des pieces mentionnées en son cueilloir se trouvent dans le chartrier.

II. 2. *Aliter*, si à côté de chacun de ces articles il étoit mis payé, alors il faut conserver fort exactement cette preuve de possession.

III. On cite ces cueilloirs ainsi : Cueilloir, année. . . . . Si un cueilloir contenoit plusieurs années, il faudroit citer l'année de la recette, & la premiere du cueilloir; on diroit : En 1695. Cueilloir 1694: car on se souvient que dans l'arrangement des titres, les cueilloirs ont été rangés entr'eux selon l'ordre de date de la plus ancienne année y contenue.

ARTICLE X.

Extraits des Procès.

I. Doivent être étendus.
II. Comment on cite les procès dont ils sont l'extrait.
III. Où on les place.
IV. Modele de ces extraits.

I. Les extraits des procès doivent être fort étendus, parce qu'il est très-intéressant, sur-tout pour ceux qui ne sont point encore terminés, d'avoir sous les yeux tous les moyens qui ont été présentés de part & d'autre pour débattre l'objet de la contestation, afin de voir s'ils méritent d'être soutenus. *Voyez* le modele ci-à-côté.

II. Sur le premier feuillet, il faut mettre la cotte du procès dont est fait extrait, afin qu'on puisse le trouver en cas de besoin dans le dépôt des procès.

On se souvient que ces procès ont été cottés lors de l'arrangement des pieces du chartrier, autant qu'il a été possible, suivant leur ordre chronologique.

III. Ces extraits se placent dans les mêmes serre-papiers que tous les autres, au Domaine, fief, ou censif, selon leur objet, & à leur ordre alphabétique, afin que l'on puisse voir sur chaque partie les contestations mues à leur égard, & celles qui ont été décidées pour ou contre le Seigneur : mais toutes celles qui ne sont point de fiefs, ou censif, doivent être portées au Domaine.

IV. Modele de ces extraits ci-contre.

ARTICLE XI.

Extraits de Mémoires & Pieces sans date.

I. Extraits des Mémoires.
II. 1. Extraits des pieces sans date.
II. 2. La maniere de s'en servir.
III. Quand il faut faire ces extraits.
IV. Comment on les cite.

I. Quand un Mémoire est bien fait, & qu'il a un objet unique, la

ROSTAING.

NOTAIRE.

Ier. PROCÉS

ENTRE Madame la Comteſſe de BURY,

ET LOUIS JOUANNEAU, Notaire à Chouzy.

JUGÉ par Sentence des Requêtes du Palais, du 8 Avril 1701.

QUI fait défenſes à Jouanneau, d'inſtrumenter à l'avenir ſur les terres relevant du Comté.

1701. 18 Avril. La Sentence des Requêtes du Palais.

Fait défenſes à Jouanneau d'inſtrumenter à l'avenir ſur les Terres relevantes du Comté, &c.

FAIT.

Jouanneau, Notaire Royal au Bailliage de Blois, colloqué en la Paroiſſe de Chouzy, s'eſt cru en droit, & eſt venu inſtrumenter en ladite qualité de Notaire, non-ſeulement dans l'étendue de ladite Paroiſſe de Chouzy, qui releve du Comté de Bury, (c'eſt une des Terres du Comté de Roſtaing) mais même dans les autres Paroiſſes, Terres, & Lieux dudit Comté, & juſques dans le Château de Bury.

Madame la Comteſſe de Bury s'eſt oppoſée à cette entrepriſe, & elle a fait

1698. 24 Janvier. aſſigner ledit Jouanneau aux Requêtes du Palais, &c.

voie la meilleure & la plus courte eſt de le joindre, tel qu'il eſt, aux feuilles d'extraits qu'on a fait ſur l'objet qu'il concerne, afin d'y avoir recours au beſoin : s'il renferme pluſieurs objets, & qu'il ne ſoit pas long, il vaut mieux le copier en différentes parties, & les reporter chacune ſur les fiefs, clos, &c. pour leſquels ont été faits leſdits Mémoires. S'il y a peu de choſes importantes, au lieu de le copier, on l'extrait, & on le jette, car il faut beaucoup ſe défaire des papiers inutiles; cependant, ne pas croire légérement leur inutilité.

II.1. Les pieces ſans date ne peuvent être regardées que comme des projets; elles n'ont aucune autenthicité, mais elles peuvent cependant ſervir de renſeignemens, & donner des filiations importantes.

II.2. Quoique ces pieces ſoient ſans date, elles portent les noms des hommes qui y ont contracté des engagemens, & ceux des biens qui ont été l'objet de leurs engagemens; il eſt alors facile d'en trouver la place par les tables des noms des cenſitaires & des clos, faites pour le cenſif.

III. Ce qui a été dit au précédent article, montre aſſez que ces extraits ne peuvent être faits que quand tout le reſte de l'ouvrage eſt fini; la jeuneſſe ou l'antiquité de ces pieces étant preſqu'abſolument inconnues faute de dates.

IV. On a vu dans l'arrangement des titres, N°. III.4. celui qu'il falloit obſerver à l'égard des pieces ſans date ſervans de Mémoire : elles ont été rangées par recueil, il faut donc cotter ainſi : *Projet de déclaration*, *Mémoires*, Recueil 1er. ou 2e. ou tel autre dans lequel la piece auroit été enfermée.

Nota. Ces extraits ſi étendus des titres de la Seigneurie paroiſſent demander un grand travail; mais ſon utilité eſt telle que l'on ne peut refuſer de s'y livrer. Il ne faut perdre aucun des avantages que l'on peut tirer des titres de ſa Terre. L'étendue de ce travail dépend au reſte du nombre des pieces qui ſont dans les chartriers. Il y en avoit trente mille dans celui d'Onzain, & il a été utile d'avoir un plan très vaſte à remplir, pour avoir occaſion de donner des modeles ſur toutes les eſpeces de difficultés qui peuvent ſe rencontrer. Ceux qui d'après ce plan feront les Terriers d'autres Seigneuries, ne s'arrêteront qu'aux méthodes qui concernent les pieces dont leurs chartriers ſont garnis.

CHAPITRE TROISIEME.

Pendant l'arrangement des Titres, & leurs Extraits, on fait faire l'arpentage de la Terre.

I.1. AVANT que de faire passer les déclarations, & pendant qu'on fait les extraits des titres de la Terre, il faut en faire l'arpentage.

I.2. Cela est très-intéressant pour qu'on puisse savoir qui sont ceux qui ne viennent point passer leur déclaration ; & quels sont les terrains qui ne sont pas reconnus, & ceux qui n'étant point pourvus de Propriétaires légitimes, doivent retourner dans la main du Seigneur, qui ayant à supporter les charges des Hauts-Justiciers, doit aussi en avoir le profit.

I.3.1. Il est bon de faire arpenter toutes les Paroisses de la Terre, & dès-lors se trouvent arpentés tous les terrains possédés en fief par les vaſſaux qui ſont compris dans leur étendue. C'eſt un grand avantage ; on vérifie leurs aveux plus facilement, & on les borne de maniere à les empêcher d'empiéter.

I.3.2. Il ſeroit à ſouhaiter qu'on pût en faire autant ſur les fiefs ; mais dans les grandes Terres dont les fiefs s'étendent au loin dans d'autres Paroiſſes, ce ſeroit une dépenſe trop conſidérable. On pourroit tout au plus le faire pour les petits fiefs ; mais cela n'eſt pas néceſſaire. A l'égard de ces vaſſaux éloignés, on ne craint point qu'ils entreprennent ni ſur le Domaine ni ſur le cenſif du Seigneur ; d'un autre côté, ils ne peuvent diminuer la quotité des arpens contenus aux aveux précédens ; ce qui réduit à peu de choſe l'utilité d'arpenter leurs fiefs.

I.4.1. Il ſemble d'abord qu'il faille ſuſpendre les plans, & attendre que les déclarations aient été paſſées, pour rectifier les erreurs que les Indicateurs peuvent avoir données à l'Arpenteur ; car ils peuvent avoir mal nommé les clos, & leur avoir donné moins d'étendue qu'ils n'en doivent avoir, ou n'avoir pas été aſſez exacts ſur les noms des Propriétaires. Tout cela ſe découvre par les déclarations, les Propriétaires qui les paſſent étant bien mieux inſtruits du nom des clos dans leſquels leurs héritages ſont compris, & certifiant avec bien plus de ſûreté de leur propriété. Il ſembleroit donc que pour éviter des erreurs qui obligeroient de recommencer ces plans, il ne faudroit les dreſſer que quand les déclarations ſeroient paſſées ; mais ces erreurs ne doivent pas empêcher de dreſſer les plans. A l'égard des noms des Particuliers, l'Arpenteur ne les met que ſur le relevé d'arpentage ; il ne les met point ſur les plans, ainſi qu'il ſera dit ci-après ; il n'y met que des chiffres qui répondront à Paul, de même qu'à Jacques, ſi, par l'événement des déclarations, on trouve que c'eſt Paul qui eſt Propriétaire au lieu de Jacques qui avoit été nommé par les Indicateurs. A l'égard de la plus grande ou moindre étendue des clos, il peut ne mettre que le nom du clos, ſans tirer le trait qui en fera la circonſcription, juſqu'à ce que les déclarations des Particuliers l'aient fixée. La grande attention que doit avoir l'Arpenteur eſt de mettre bien exactement dans les plans toutes les diviſions de chaque terrain ſans exception ; quelles que ſoient les déclarations qui ſeront par la ſuite fournies par les cenſitaires, ſi l'arpentage eſt bien fait, il ne s'en trouvera ni plus ni moins par les déclarations. Ce qui variera beaucoup, ce ſera le relevé qu'il aura fait de l'arpentage dont il ſera parlé ci-après ; mais cette variation eſt ſans inconvénient pour les plans, s'ils ne contiennent que ce qui vient d'être dit.

I.4.2. Autant que l'arpentage est nécessaire pour établir la vraie consistance des biens des particuliers, autant les plans détaillés sont-ils utiles pour se transporter facilement sur tous les terrains qui peuvent souffrir contestation par la suite, de la part des Seigneurs voisins, ou entre les vassaux dont les fiefs ont été compris dans l'arpentage. C'est à ces plans que retentissent les extraits de toutes les déclarations qui auront été fournies, lors de la rénovation du Terrier, & par elles, toutes celles qui seront passées par la suite : car il faut que les cueilloirs soient tenus avec assez d'exactitude pour qu'on ne perde jamais la filiation des censitaires, qui sont Propriétaires au moment de l'arpentage. Si on ne perd point cette filiation, l'arpentage sera utile à perpétuité, & dans tous les tems on se reportera sur ces terrains comme s'ils venoient d'être arpentés. Si on perd la filiation, les plans deviendront absolument inutiles; mais cette filiation sera aisée à conserver, si on fait ce qui sera prescrit dans la seconde partie de cet Ouvrage.

I.4.3. Il faut que les plans soient divisés en autant de partie qu'il est nécessaire, pour que les sections des terres, même en boissellées, soient exprimées sans confusion. Chacune de ces parties de terrein doit être cottée d'un chiffre arabe. Une carte ne doit tenir que quatre ou cinq clos, s'ils sont grands ; un plus grand nombre s'ils sont petits ; il ne doit point y avoir de regle pour cela. Ces plans mis sur des cartes, grandes comme les plus grandes des Atlas, se conserveront très-bien dans des registres. Mais, 1°. la combinaison qu'il faut faire, en rapprochant les clos les uns des autres, selon l'exigence des cas, fait qu'on ne peut relier ces cartes ensemble : 2°. si on ne les relie pas, elles se fatiguent prodigieusement à être maniées, si elles ne sont appliquées sur un cadre de bois de neuf lignes ou un pouce de large, sur deux lignes d'épaisseur, & enfermées dans une armoire, où elles auront chacune leur coulisse. C'est donc le parti qu'il faut prendre ; en ce cas, ce n'est pas trop de leur donner trois pieds de hauteur sur quatre de large, & quatre pouces de marge à l'entour : on ne trouve de papier que de deux pieds de haut sur trois de largeur, mais on en joint deux feuilles ensemble, ce qui rend la largeur indiquée. On fera tenir dans ces cartes tout ce qui pourra y entrer avec bien de la netteté. Il ne faut pas faire des plans plus grands, leurs cadres deviendroient trop lourds : il ne faut pas les faire plus petits, ils seroient trop multipliés. Quelques divisées que soient les parties d'un clos, elles seront assez distinctes si on donne un pouce pour arpent ; ce qui en laissant dans chaque carte quatre

pouces

pouces de marge haut & bas, ne laiſſe pas d'y faire entrer onze à douze cens arpens de terrain. Ces plans, dans leur diviſion, doivent ſuivre, ou le partage des Seigneuries, ou celui des cenſifs, ou celui des Paroiſſes. Le partage par Seigneurie & par cenſif eſt preſque impoſſible ; l'Arpenteur ne peut connoître d'une maniere certaine les bornes des Seigneuries ni des cenſifs de la Terre pour y conformer ſes plans ; mais l'étendue du territoire des Paroiſſes eſt pour l'ordinaire fort connue, & c'eſt ce qui doit faire le partage de ſes plans. S'ils ne ſont pas aſſez grands pour contenir la totalité des arpens d'une Paroiſſe, il cotte le premier plan de la Paroiſſe de la lettre A, & en fait un ſecond cotté B. Il en fait autant qu'il eſt néceſſaire pour décrire toute la Paroiſſe. Il paſſe à une autre Paroiſſe, & cotte de même, en cottant toujours le premier plan de chaque Paroiſſe d'un A, le ſecond d'un B, & ainſi de ſuite. Il ne faut pas qu'en prenant pour plan de décrire la Seigneurie par Paroiſſes, l'Arpenteur faſſe le tour de la Terre, en prenant une partie tantôt d'une Paroiſſe, & tantôt d'une autre pour faire ſon circuit plus régulier : cette régularité prétendue feroit trop arbitraire ; il faut expédier chaque Paroiſſe l'une après l'autre. C'eſt un plan qui répond à l'étendue de la Juſtice du Seigneur, puiſqu'elle doit être reconnue dans toute l'étendue de chacune de ſes Paroiſſes. Il ſuit de-là que, pour que l'Arpenteur puiſſe rendre exacte ſa diviſion par Paroiſſe, il faut, lors de ſon arpentage, qu'il s'informe, tant du Curé que des Habitans, de tous les clos qui ſont de ſa Paroiſſe, & qu'il ne s'appuie que ſur des témoignages uniformes.

Tous ces plans diviſés veulent être réunis par un ou pluſieurs plans généraux ; pluſieurs, s'il y a pluſieurs Terres ; ainſi, un pour le Comté de Bury, l'autre pour celui d'Onzain : ſi celui d'Onzain étoit trop vaſte, on en feroit un pour Aſnieres. Mais cela ne doit pas être, parce que ces plans, deſtinés à réunir les autres, ne doivent pas contenir la diviſion des Terres, mais ſeulement la circonſcription des clos, & leurs noms dans le milieu de l'eſpace, avec les noms des grands chemins, des rivieres, des forêts, des Egliſes, & autres choſes principales. Ces cartes générales ſont deſtinées à donner au Seigneur une idée de la ſituation de toute ſa Terre. Souvent, faute de la bien connoître, on manque de profiter de pluſieurs occaſions utiles pour ſa geſtion. Elles ſerviront auſſi ſouvent aux Rénovateurs du Terrier pour trouver l'emplacement des terrains ſur les cartes particulieres. Cette topographie de plus ne manquera pas d'intéreſſer le Seigneur. Ces cartes au reſte doivent être de la même dimenſion que les autres, & par conſéquent chaque clos réduit à la petiteſſe néceſſaire, pour que le carte puiſſe les contenir tous.

I.4.4. Comme on aura ſouvent recours à ces plans pendant le travail du chartrier, il faut les placer le plus commodément qu'il ſera poſſible, afin qu'ils ſoient moins fatigués d'un uſage ſi fréquent. Il n'y a pas de meilleur moyen que de les mettre dans une eſpece d'armoire de quatre pieds & demi de longueur, de ſept pieds de hauteur, de telle profondeur que le demandera le nombre de ces cartes; & dans cette armoire mettre des couliſſes en haut & en bas, entre leſquelles gliſſent leſdites cartes, appliquées chacune ſur un cadre, comme il a été dit, l'armoire s'ouvrant ſur le côté. A la porte de ladite armoire eſt attachée en haut une tringle de fer qui ſe préſente d'équerre quand la porte eſt ouverte, & ſur laquelle, quand on a beſoin de conſulter les cartes, on poſe les petits crochets placés au haut des cadres des cartes; au moyen de quoi, chacune de ces cartes qu'on a beſoin de conſulter, ſe trouve ſuſpendue ſans fatigue, & ſans qu'il ſoit beſoin d'y tenir la main. Quand on a fait uſage d'une carte, on ſouleve le cadre, ce qui fait ſortir le petit crochet de deſſus la tringle ſur laquelle il étoit poſé, & on regliſſe la carte dans ſa couliſſe. Sans cette précaution, les cartes ſont détruites avant la fin de l'ouvrage. On parle d'une eſpece d'armoire, afin que ces cartes ne reſtent point expoſées à la pouſſiere quand on n'en a pas beſoin. On peut ne donner à cette armoire que quatre pieds de hauteur, les cartes n'en ayant que trois; mais il faut alors des montans ou treteaux de trois pieds de hauteur pour la ſoutenir à l'élévation néceſſaire, pour qu'on ne ſoit point obligé de ſe baiſſer pour regarder les cartes. Il faut pour la commodité de la vue, que le milieu de la carte ſe trouve à la hauteur de l'œil d'un homme lorſqu'il eſt debout.

II.1. Pour rendre ſon arpentage plus utile, un Arpenteur intelligent s'informe des charges de chaque héritage envers la Seigneurie, & il en garde des notes exactes, comme auſſi de beaucoup d'autres connoiſſances qu'il peut tirer pendant le cours de ſes opérations.

II.2. Il faut donner à l'Arpenteur des Indicateurs qui connoiſſent bien le terrain, & qui ſoient d'une grande probité. Il eſt de l'intérêt du Seigneur de connoître tous les terrains vacans, & que les Indicateurs ne les adjugent pas aux voiſins dans leurs indications, qu'ils ne laiſſent point ignorer les charges des héritages. Il y a beaucoup de fonctions, où l'on fait prêter ſerment devant le Juge, qui ne ſont pas auſſi intéreſſantes que celle-ci; cependant il n'en faut point introduire la coutume, ſi elle n'exiſte point. Cette grande exactitude dans l'Indicateur, montre qu'il en faut changer à mesure que les lieux s'éloignent. Un Paysan ne connoît gueres bien que son canton, il est impossible qu'il connoisse parfaitement une Paroisse toute entiere, si elle est d'une certaine étendue.

II.3. L'Arpenteur doit être étranger à la Terre, il seroit suspect à l'égard de tous les terrains qui avoisineroient ses héritages; il faut aussi beaucoup de probité pour qu'il soit inaccessible aux sollicitations de ceux qui ne craignent point de s'agrandir injustement. Ce n'est pas que les erreurs qui naîtroient du défaut de probité dans l'Arpenteur ou dans les Indicateurs, ne puissent être reconnues lorsque l'on demandera à chacun les titres de sa propriété; mais il est toujours plus difficile de marcher dans des chemins que la mauvaise foi a rendu tortueux.

II.4. Le marché à faire avec l'Arpenteur doit être rempli de plusieurs clauses très-intéressantes, & doit lui prescrire tout le plan de son ouvrage, & les conditions, tant celles qui en feront la récompense, que celles qui feront la sûreté du Seigneur qui l'emploie.

Il faut commencer par écrire les noms du Seigneur & de l'Arpenteur, « lesquels sont convenus de ce qui suit; c'est à savoir, que ledit Seigneur » desirant rendre au Roi l'aveu qu'il lui doit à cause de son Comté de » Rostaing, & autres Seigneuries tenues en plein fief de Sa Majesté; » voulant de même rendre des aveux à divers Seigneurs, de différens » fiefs qu'il possede, tant dans la Coutume de Blois, que dans celle de » Touraine; voulant aussi se faire reconnoître par ceux qui relevent de » sesdits Comtés, fiefs & Seigneuries, tant en fief qu'en roture, & ne » pouvant, à cause de la négligence des Seigneurs qui l'ont précédé, & » qui ont omis de rendre lesdits aveux & de se faire reconnoître, y » parvenir lui-même qu'en faisant dresser un plan géométrique desdits » Comtés, fiefs & Seigneuries, par le moyen duquel il puisse conférer » l'état présent des lieux avec ses titres : à cet effet, ledit S. . . . . . . » s'oblige de faire tous les arpentages, & plans géométriques de tous les » Domaines dudit Seigneur, de tous les fiefs & censifs dépendans dudit » Comté, dans les Paroisses d'Onzain, S. Secondin-des-Vignes, Chambon, Coulanges, Santhenay, S. Nicolas-le-Moteux, & S. Etienne-des-» Guérets, desquels Domaines, fiefs & censifs l'énonciation n'est ci faite » en particulier du consentement des Parties, s'en rapportant ledit S. . . . » à l'indication qui lui en sera faite par ledit Seigneur. Tous lesdits plans » seront levés sur la même échelle d'un pouce par arpent. Chacune des » cartes aura quatre pieds de longueur sur trois pieds de hauteur, & quatre

» pouces de marge à l'entour. Il y aura au moins une carte pour chacune » des Paroiſſes ci-deſſus énoncées. Si dans la meſure ſuſdite, une ſeule ne » ſuffit pas pour contenir une Paroiſſe entiere, ledit S. . . . . en fera » tel nombre qui ſera néceſſaire pour achever la circonſcription de chacune » Paroiſſe. Leſdites cartes de chaque Paroiſſe étant timbrées ; ſavoir, la » premiere d'un A, la deuxieme d'un B, & ainſi de ſuite pour fixer » leur ordre & ne point déranger la circonſcription de ladite Paroiſſe. Dans » l'intérieur des cartes, chaque territoire ſera diviſé en autant de parties » que le terrain lui-même eſt diviſé entre les différens Particuliers ; cha- » cune de ces parties ſera cottée d'un chiffre qui ſera toujours continué » ſans interruption dans une même carte. Ces cartes exprimeront en tête » le nom de la Paroiſſe, & dans le plan même le nom des Seigneuries, » fiefs, clos, bois, rivieres, étangs, chemins, Egliſes, & autres con- » noiſſances générales que ledit S. . . . . pourra tirer de l'inſpection des » lieux & des Indicateurs qui lui ſeront fournis. Ledit S. . . . s'oblige » de plus à faire un procès-verbal d'arpentage ou relevé de ces plans, » dans lequel il exprimera le nom de chaque clos, ſa Paroiſſe, le plan » dans lequel il eſt compris ; il marquera enſuite le détail de chaque ar- » ticle dudit clos, commençant par cotter ledit article du chiffre qui le » déſigne ſur le plan : alors il écrira le nom du Propriétaire ; puis en chiffres » la quantité du terrain qu'il poſſede, la nature de ce terrain, ſes tenans » & abutans : il recommencera enſuite, en toutes lettres, la même quan- » tité de terrain, pour éviter l'erreur des chiffres : il y ajoutera les charges » de dîme & terrage qu'il aura pu connoître par ſes Indicateurs ; le tout » ſuivant le modèle & les obſervations qui ſeront joints au préſent mar- » ché : ledit relevé fait ſur de bon papier, & écrit diſtinctement & liſi- » blement, & leſdits plans mis au net ſur papier battu & lavé : s'obligeant » ledit S. . . . . de remettre audit Seigneur chacun des plans avec ſon » relevé, à meſure qu'il y aura une Paroiſſe achevée, afin que ceux qui » ſeront prépoſés pour recevoir les déclarations & dreſſer les aveux, puiſ- » ſent commencer & continuer leur travail. Promet encore ledit S. . . . » rendre leſdits plans conformes aux anciens titres & Mémoires dont les » originaux ou copies d'iceux lui ſeront remis par ledit Seigneur, autant que » faire ſe pourra, par le moyen deſdits titres & Mémoires ; circonſcrire » de traits de diverſes couleurs & largeurs les différens clos, cenſifs, & » Paroiſſes de la Seigneurie ; diſtinguer par des croix triples, doubles, » ou ſimples, ce qui eſt Domaine, fief, ou cenſif dudit Seigneur ; » marquer autour des Paroiſſes le nom des Paroiſſes voiſines ; faire de

» toutes les cartes particulieres une feule carte générale qui ne contiendra » point la divifion des héritages, mais feulement les noms des Paroiffes, » des clos, des cenfifs, des fermes, des fiefs, des chemins, des ri- » vieres, des bois, & autres défignations générales des terrains compris » auxdites cartes particulieres. S'oblige ledit S. . . . . rendre lefdits ar- » pentage, plans, & relevés de plans achevés, dans le cours du. . . . , » mois, ou année, à commencer du. . . . . prochain. Pour récompenfe » defquels arpentage, plans, & relevés, ledit Seigneur. . . . . eft con- » venu de payer audit S. . . . . la fomme de dix (1) fols par arpent, » contenu efdits plans, & . . . . louis d'or, valant. . . . . pour vin » de marché, & pour la fourniture de tout le papier, tant grand que » petit, qu'il conviendra employer pour lever & mettre au net lefdits » plans, & dreffer lefdits relevés. Le paiement fera fait de fept fols par » arpent, lors de la remife defdits plans & relevés, & le furplus fera payé » lors de la pofition des couleurs qui doivent conformer les plans aux » titres. Promet de plus ledit S. . . . . . fournir une chambre audit » S. . . . . dans fon Château d'Onzain, & l'y nourrir pendant qu'il » travaillera à conférer les plans fur les titres. Promet encore fournir » à fes frais audit S. . . . . . les Indicateurs néceffaires pour lui montrer » les territoires, & lui nommer les tenanciers. Confent ledit S. Arpen- » teur que lefdits dix fols par arpent ne lui foient pas payés au cas que » la mefure étant conteftée par les vaffaux & cenfitaires, il foit trouvé, » par vérification d'icelle mefure, erreur en l'arpentage; en outre payer » les frais du nouvel arpentage defdits héritages, dont les mefures au- » ront été conteftées & trouvées fauffes. Ainfi convenu à peine de tous » dépens, dommages & intérêts. Pr. Obl. Ren. &c. Fait & paffé, &c. ».

III. Pour que l'arpentage puiffe avoir l'utilité décrite ci-deffus, il faut faire le relevé de ce qui eft poffédé par chacun, & y exprimer leurs joignans & abutans. Les mots de tenans & abutans, & joignans, font fynonimes,

(1) Ces dix fols par arpent font, pour une Paroiffe de 3000 arpens, 1500 liv. Pour établir ce même prix dans toutes les Provinces, il faut donner 2 deniers par mille pieds de 12 pouces. Quelle que foit la mefure de la perche, cela reviendra au prix proportionnel pour les arpens, de quelque grandeur que puiffent s'étendre les différences des perches ufitées dans les différentes Provinces. Il y a des Pays où l'on a les Arpenteurs à meilleur marché, & ce feroit beaucoup trop de donner dix fols par arpent dans les Pays dont les terrains ne feroient pas divifés en autant de petites parties que le Blaifois, qui contient beaucoup de petits morceaux de vigne, quelquefois d'une feule perche.

& peuvent être employés indifféremment. Il faut pour abréger n'en employer qu'un. Ainsi on mettra : joignant d'amont (orient) à .... de solaire (midi) à .... d'aval (couchant) à .... & de galerne (nord) à ... Les distinctions de joignant d'un côté vers amont à .... abutant d'un bout vers solerne à ..... sont très-inutiles. Il est vrai que le mot abutant seroit meilleur, quand il s'agit d'un héritage plus long que large ; on auroit désigné les côtés courts qui font la largeur, & les extrêmités de la piece par ces mots : *abutant vers galerne ;* ce mot abutant marque que c'est le bout : mais quelle confusion y aura-t'il quand on aura dit simplement joignant vers galerne ; & que les côtés longs auront été marqués par ces mots : *joignant d'un côté vers amont?* Il vaut mieux supprimer tous les mots de long, de large, de côté, d'un bout, tout cela ne sert qu'à allonger. Répétons la phrase proposée, & voyons que, quoiqu'extrêmement courte, rien n'y manque. *Joignant d'amont à .... de solaire à ... d'aval à .... de galerne à ....* Que diroient de plus tous les abutans, les longs, les larges, les bouts, & les côtés, dont les actes ordinaires sont remplis ? Or, de quelle conséquence n'est pas la briéveté dans la description de dix à douze mille arpens de terre, dont chacun renferme plusieurs articles ? C'est abréger peut-être plus de soixante mille mots inutiles. D'ailleurs, dans un grand nombre de pieces presque carrées, ou losanges, ou rondes, ou ovales, ce sera souvent une question de savoir si ce sera un côté ou un bout : ajoutons que les erreurs par lesquelles on auroit appellé côté ce qui seroit bout, ou bout ce qui seroit un côté, deviendroient très-dangereuses, & capables de faire méconnoître les pieces dont on donneroit la description.

III.I.1. Le relevé d'arpentage doit être double : l'un des clos, qui contient de suite le nom du Propriétaire, la quantité de biens qu'il possede, les tenans & abutans, ou simplement les joignans, les charges si on les connoît ; l'autre par noms des vassaux & censitaires. *Voyez* ci à côté le modele du relevé des clos.

III.I.2. Ce relevé d'arpentage par clos est fait par l'Arpenteur ; il ne peut être rangé dans l'ordre des mouvances ; elles sont dans ce moment pleines d'incertitude, & il n'y a que la vue des titres qui puisse en donner des notions exactes : aussi les mouvances écrites dans la marge du modele de ce relevé, n'y seront pas placées par l'Arpenteur, mais par les Rénovateurs du Terrier, après l'extrait de tous les titres. *Voyez* Partie I, Chap. VI, N°. I. L'ordre alphabétique des noms des clos seroit le plus commode ; mais c'est confondre tous les plans & les clos de la Terre, & mettre près les uns des autres des héritages qui sont fort éloignés. On court encore ce même risque, moindre

III. 1.° *MODELE DU RELEVÉ D'ARPENTAGE par noms de Clos.*

LE CHAMPMARQUIER, Paroiſſe d'Onzain. Plan *A.*

		arp.	*boiſſel.*	*perch.*	
N° 1. Cenſif d'Onzain.	Les héritiers Mathurin *Faux*,			7	de terre,

joignant d'amont leſdits héritiers, d'aval le nommé Fouchau, de galerne les bois d'Onzain, de ſolaire Louis Nouveau & autres (ſept perches). Doit dîme inféodée.

2. Cenſif d'Hupedé.	Leſdits héritiers *Faux*,		3	2 ½	de vignes,

joignant d'amont Jean Bordeau, d'aval leſdits héritiers, de ſolaire leſdits héritiers & Jacques Beutard, de galerne le nommé Fouchau, (trois boiſſellées deux perches & demie). Doit dîme.

3. Cenſif d'Onzain.	Jean *Bordeau*,		1	3	de vignes,

joignant d'amont Joſeph Emery & le ſieur Pition, d'aval les héritiers Mathurin Faux, de ſolaire leſdits héritiers, de galerne le nomm. Foucher (une boiſſelée trois perches).

4. Fief des Valettes.	Joſeph *Emery*,		4		de vignes,

joignant d'amont le chemin d'Onzain à Meſlan, d'aval Jean Bordeau, de ſolaire au nommé Fouchau, de galerne au ſieur Pition (quatre boiſſelées). Doit dîme.

5. Cenſif de Bury.	Le ſieur *Pition*,		4	8	de vignes,

joignant d'amont le chemin d'Onzain à Meſlan, d'aval à Jean Bordeau, de ſolaire au nommé Fauchau, de galerne à Joſeph Emery (quatre boiſſelées huit perches). Doit dîme.

6. Cenſif d'Onzain.	La veuve Renée *Pardeſſus*,		5	3	de vignes,

joignant d'amont le chemin d'Onzain à Meſlan, d'aval à l'Egliſe d'Onzain, de ſolaire à Hilaire Aucher, de galerne à Jacques Vigner (cinq boiſſelées trois perches).

7. Cenſif d'Onzain.	L'*Egliſe* d'Onzain,		4	5	de friche,

joignant d'amont la veuve Renée Pardeſſus, d'aval le nommé Rabouin, de ſolaire à François Glatigny & Julien Jallet, de galerne le ſieur Pition, de ſolaire Jean Amont (quatre boiſſelées cinq perches). Doit dîme.

	Total.	2	1	8 ½

Nota. Après chacun des clos, qui ſouvent tiennent trente, quarante, deux cens articles, il faut laiſſer le reſte de la feuille en blanc, & en recommencer une nouvelle, afin que cette place vuide puiſſe contenir les augmentations qui appartiennent au clos, & qui auroient été obmiſes par les Indicateurs lors de l'arpentage.

LES VAUCORNEILLES.

rp. boissel. perch.

8. Censif de S. Georges. Le sieur *Rimboust*, 2 3 de vignes, joignant d'amont les héritiers Jean Paillant, d'aval la Cure d'Onzain, de solaire le sieur Pition, de galerne le chemin d'Onzain au Carroy (deux boisselées trois perches).

9. Censif d'Onzain. La *Cure* d'Onzain, 1 4 5 de vignes, joignant d'amont ledit sieur Rimboust, d'aval le sieur Bonneau, de solaire le chemin d'Onzain à Meuves, de galerne le chemin d'Onzain au Carroy (un arpent quatre boisselées cinq perches).

10. Censif de Bury. Le sieur *Bonneau*, 3 1 de vignes, joignant d'amont la Cure d'Onzain, d'aval Jacques Oudry, de solaire ledit chemin de Meuves, de galerne le sieur Rimboust & autres (trois boisselées une perche).

Total. 1 9 9

LES ORGITS. Plan *B*.

1. Domaine, Ferme de Vauliard. M. le Comte, 1 de terre, joignant de solaire les terres de Varenne, de galerne le sieur Jupeau, d'amont le Chapitre de Blois, d'Aval le chemin du Roi (un arpent).

2. Domaine, Ferme des Epinets. M. le Comte, 3 de pré, joignant d'amont le sieur Jupeau, d'aval le chemin du Roi, de solaire le sieur Jupeau, de galerne la Cure d'Onzain (trois boisselées).

3. Censif d'Onzain. La *Cure* d'Onzain. 5 5 de pré, joignant d'amont le sieur de Villebouzon, d'aval le chemin du Roi, de solere le sieur Jupeau, de galerne M. le Comte (cinq boisselées, cinq perches).

Total. 1 8 5

LES FRESNEAUX.

4. Censif de Bury. Le *Chapitre* de Saint-Sauveur, 2 3 de pré, joignant de solaire M. le Comte & autres, de galerne les prés de Gastine, d'amont les terres de la Herpiniere, & d'aval Gervais Pastoureau (deux arpens trois boisselées).

5. Censif de Bury. La nommée *Fain*, de Blois, 2 de prés, joignant d'amont la demoiselle Ruelle, d'aval M. le Comte, de solaire M. le Comte, de galerne le chemin Vert (deux boisselées).

Censif

Paroiſſe d'Onzain. Plan B.

		arp.	boiſſ.	perch.	
6. Cenſif de S. Georges.	La Demoiſelle *Ruelle*,		3		de pré,

joignant d'amont le ſieur de Neuville, d'aval la nommée Fain de Blois, de ſolaire M. le Comte, de galerne le chemin Vert (trois boiſſelées).

		arp.	boiſſ.	perch.	
7. Cenſif de la Cour Saint-Louis.	Le ſieur *de Neuville*,		3		de pré,

joignant d'amont la Demoiſelle Paſquier, d'aval la Demoiſelle Ruelle, de ſolaire M. le Comte, de galerne le chemin Vert (neuf boiſſelées).

	arp.	boiſſ.	perch.
Total.	3	7	

ESCURES. Plan C.

1. Fief de Duigny. Le ſieur *Gallebrun*, une maiſon & jardin contenant enſemble 6

joignant de ſolaire à la Levée, de galerne à la veuve Trincart, d'amont M. le Comte, d'aval le ſieur du Fay (ſix boiſſelées).

		arp.	boiſſ.	perch.	
2. Cenſif de Bury.	La veuve *Trincart*,	3	7		de terre,

joignant d'amont le ſieur du Fay, d'aval le ſieur Gallebrun, de ſolaire la Levée, de galerne le chemin d'Art (trois arpens ſept boiſſelées). Doit dime.

		arp.	boiſſ.	perch.	
3. Cenſif de Bury.	Le ſieur *du Fay*,		8		de terre,

joignant d'amont Charles Boulon, d'aval la veuve Trincart, de ſolaire la Levée, & de galerne le chemin d'Art (huit boiſſelées). Doit terrage.

arp.	boiſſ.	perch.
5	1	

RÉCAPITULATION.

	arp.	boiſſ.	perch.
Le Champmarquier	2	3	$8\frac{1}{2}$
Les Vaucorneilles	1	9	9
Les Orgits	1	8	5
Les Freſneaux	3	7	
Eſcures	5	1	
Total des arpens de la Paroiſſe d'Onzain . .	15		$2\frac{1}{2}$

Quinze arpens deux perches & demie.

Nota. On ſent aſſez que ce nombre d'arpens ſeroit infiniment plus grand, ſi l'on avoit donné deux ou trois cens articles de chacun de ces clos, & les articles de tous les autres clos de cette paroiſſe; mais cela eût été inutile, & ceci ſuffit pour donner le modele de l'arpentage par clos.

LES BOULIERES, Paroisse Saint-Nicolas le Moteux. Plan *A*.

1. Censif de Bury. Le sieur Peltereau, 5 6 3 de joignant d'aval le chemin de Dammarie à Villeneuve, d'amont les héritiers Guignard & l'Eglise Saint-Nicolas, de solaire le chemin de Blois à Château-Regnault, de galerne le sieur David (cinq arpens six boisselées trois perches).

2. Censif de Cheramant. Le sieur David, 9 5 2 de bruyeres, joignant de solaire & galerne au sieur Peltereau, d'aval au chemin de Villeneuve à Saint-Cir, Charles Thielin & autres (neuf arpens cinq boisselées deux perches).

L'Arpenteur procede à l'égard de cette nouvelle paroisse, de même qu'à l'égard de la premiere, & ainsi des autres.

à la vérité, si on veut les ranger dans cet ordre alphabétique, après les avoir rangés par Paroisses. Il est vrai que les clos ne seront plus si prodigieusement éloignés les uns des autres que dans le premier ordre alphabétique général; mais il se trouveroit encore que des clos qui sont très-proches l'un de l'autre, seront l'un au commencement, l'autre à la fin du registre tenu par ordre alphabétique; & que d'autres qui seront à plus d'une lieue ou deux de distance, seront accollés. De plus, on perdra dans ce plan l'avantage de l'alphabet général; car avant de chercher dans celui-ci, il faudra savoir de quelle Paroisse est le clos sur lequel on cherche les indications: il faudra donc encore une table alphabétique pour savoir la Paroisse du fief. S'il est nécessaire de faire une table, il vaut mieux prendre le plan qui suit. Voyez N°. III.1.4. pag. 77.

La division par Paroisses est bonne, & je crois que c'est celle qu'il faut suivre; &, pour les clos entr'eux, faire une espece de circonscription de la Paroisse; chaque Paroisse fera un petit volume; s'il y a peu d'héritages, on mettra tout dans le même, & on fera la circonscription de la Terre en rangeant les Paroisses entr'elles, eu égard à leur proximité & arrondissement de ladite Terre.

III.1.3. Le relevé des noms par clos ne doit être fait qu'après que sur le vu des titres de la Seigneurie on a reconnu la circonscription de ces clos, & qu'en conséquence on les a fixés par des bandes de couleurs (ainsi qu'il sera dit même Partie, Chap. VII, Art. II, de la conformation des plans aux titres). Il doit être fait sur des feuilles *in-folio*. Elles doivent être d'abord ployées en deux dans leur longueur, puis chacune des deux parties encore en deux, aussi dans leur longueur; enfin, dans le même sens les deux dernieres marges se ploient encore en deux. Cela fournit deux grandes colonnes égales dans le milieu, une petite colonne de chaque côté, & deux petites marges égales entr'elles de chaque côté des colonnes. Le papier ainsi disposé, on écrit en gros caractere dans la premiere petite & la premiere grande colonne le nom du clos; dans la seconde grande colonne, celui de la Paroisse; & dans la seconde petite colonne, le mot plan avec la lettre alphabétique du plan de cette Paroisse dans lequel est contenu le clos. On laisse les deux marges de droite & de gauche vuides pour servir à la reliure.

L'indication de la Paroisse & du plan ne sont que sur les *folios rectos*, & se mettent sur le bord; parce que, quand on cherchera dans ce registre, ce sera par nom de Paroisses, & cottes alphabétiques des plans; or, plus cela est près du bord du volume, plus cela est aisé à voir.

Dans la premiere petite colonne on place les numeros du plan auxquels répondent les héritages compris audit plan, & au-dessous de quelle qualité est l'héritage, s'il est Domaine, & à quel Domaine il appartient; s'il est fief, & de quel fief; s'il est censif, & de quel censif. Dans la premiere grande colonne, on écrit les noms de baptême & de famille du Propriétaire, & l'on souligne celui de famille, afin qu'il soit facilement distingué dans le cas de recherche. Dans la seconde grande colonne, on met en trois parties les arpens, boisselées, & perches que contient la piece d'héritage selon l'arpentage: on les écrit en chiffres afin de pouvoir les additionner après le dernier article du clos, dont on est bien aise de connoître la quantité d'arpens. Il ne faudra faire ces calculs qu'après les déclarations fournies, quand la quantité qui appartient à chaque clos sera bien déterminée: la petite colonne d'ensuite contient la nature du bien.

Au-dessous du nom du Propriétaire & des chiffres qui marquent la quotité du terrain, on écrit de suite tous les joignans de l'héritage, les charges auxquelles il est sujet, & autres observations que l'Arpenteur aura pu faire sur les lieux. Après quoi on met en toutes lettres la même quantité de terrain qui a été écrite en chiffres; car dans les choses de cette importance, il ne faut pas se reposer sur des chiffres toujours sujets à erreur. Il y aura déja assez de fautes dans ce relevé d'arpentage par les mauvaises indications qui auront été fournies à l'Arpenteur. Au reste, il faut se souvenir que ce n'est qu'un brouillon destiné à tous les changemens nécessaires pour démêler le chaos dans lequel la Seigneurie étoit tombée. Ainsi, on change sur ce registre, par des interlignes, les noms des vassaux & censitaires, & les tenans & abutans, autant qu'ils ont été changés depuis que l'arpentage en a été fait, jusqu'à la passation de la déclaration. On n'a point laissé d'autre place pour tous ces changemens, que les interlignes, parce qu'on ne peut prévoir sur quelles parties ils tomberont, & que ç'eût été grossir du double ce volume, que de laisser des espaces un peu considérables entre chaque tenant pour y placer les changemens. Quoiqu'on n'ait point laissé d'intervalle entre les deux clos du Champ-Marquier & des Vaucorneilles, il faut cependant y en supposer un considérable; car les erreurs des indications, sur la dénomination des clos, peuvent ôter dix, douze, & vingt articles à un clos qui se trouveront lui appartenir par le dire des censitaires, lors de la passation des déclarations. Ce sont de ces erreurs auxquelles on ne pourroit pas remédier par des interlignes; il faut laisser toujours pour chaque clos le reste de la feuille, à quelqu'endroit qu'elle finisse, afin que s'il est besoin, on puisse même en inférer une nouvelle. On a fait ſur le modele une note de cette obſervation.

Le clos des Vaucorneilles étant un ſecond clos de la même Paroiſſe d'Onzain & du même plan de cette Paroiſſe, on a ſuivi la cotte des chiffres de ce même plan, quoique le clos ait changé; on n'a placé aucune indication de plan ni de Paroiſſe à la tête de ce *verſo*: elles n'y ſont pas néceſſaires.

Le clos des Orgits préſente un nouveau plan, le plan B, quoique de la même Paroiſſe; mais cela fait changer le chiffre qui marque la cotte des articles de ce plan.

Le clos des Freſneaux, même Paroiſſe & même plan, pourſuit les chiffres du clos des Orgits. Ce clos retourne ſur un *recto*; on y a marqué la Paroiſſe & la lettre alphabétique du plan, le plan B, parce que ce ſera en regardant tous les *rectos* du regiſtre qu'on trouvera les renvois au relevés qui ſeront indiqués par des tables alphabétiques, ainſi qu'il ſera dit par la ſuite.

Eſcures change de plan & de cotte.

Après Eſcures, on a additionné les terrains; on y ajoute les totaux des clos précédens: l'addition de ces totaux donne celui de toute la Paroiſſe d'Onzain.

Il n'eſt pas néceſſaire d'avertir qu'il ne faut pas s'arrêter à critiquer cette petite quantité d'arpens dans une Paroiſſe; il eſt en effet impoſſible qu'il s'y en trouve ſi peu, comme il eſt auſſi impoſſible qu'il s'y trouve ſi peu de clos. Mais tout cela n'eſt qu'une hypotheſe, & on n'a pas voulu faire un volume de ce dont on pouvoit, dans une ſeule feuille, donner toutes les idées qu'il eſt néceſſaire d'avoir.

La quatrieme page montre le commencement d'une nouvelle Paroiſſe; il ne faut pas s'arrêter ſur ce qu'on a mis ſur un *verſo* le nom de la Paroiſſe & la cotte alphabétique du plan. Si on n'a pas porté cela ſur un *recto*, c'eſt par la raiſon qui vient d'être dite. Il faut ſeulement remarquer que la cotte alphabétique du plan recommence à l'A, comme étant le premier plan d'une nouvelle Paroiſſe.

III. 1. 4. Ce relevé par clos exigera une table alphabétique des noms des clos pour retrouver les clos par le nom de la Paroiſſe, & la lettre alphabétique du plan de cette Paroiſſe, où commence ledit clos, & la cote de chaque héritage ſur ledit plan. Cette table, qui ſera d'un grand uſage, devroit être écrite ſur du parchemin quand elle aura été entiérement finie. *Voyez* le modele ci-derriere. Ce modele préſente un clos qui ſe trouve partagé en deux Paroiſſes. On

III.1.4. TABLE ALPHABÉTIQUE

DES CLOS DU COMTÉ DE ROSTAING.

PAROISSES.	PLANS.	ARTICLES.	DOMAINE. FIEFS. CENSIFS.	AVEUX OU TERRIERS.	PAGES desdits.
			Clos de l'Abbé ou Abbaye.		
S. Secondin.	B.	230.	Domaine.	Aveu.	100.
Idem.	B.	231.	Fief.	Terrier féodal.	100.
Idem.	B.	232.	Censif de Carie.	Terrier censuel.	200.
Idem.	B.	233.	Idem.	Idem.	80.
Idem.	B.	234.	Idem.	Idem.	1000.
Idem.	B.	235.	Idem.	Idem.	900.
Idem.	B.	236.	Idem.	Idem.	902.
Idem.	B.	237.	Idem.	Idem.	12000.
Idem.	B.	238.	Idem.	Idem.	904.
Idem.	B.	239.	Idem.	Idem.	906.
Onzain.	A.	20.	Idem.	Idem.	908.
Idem.	A.	21.	Idem.	Idem.	990.
Idem.	A.	22.	Idem.	Idem.	60.
Idem.	A.	23.	Fief.	Terrier féodal.	2000.
Idem.	A.	24.	Censif de Carie.	Terrier censuel.	290.
Idem.	A.	25.	Domaine.	Aveu.	500.

Nota. Il en est de même de tous les autres clos, il faut qu'ils soient tous rangés dans leur ordre alphabétique.

ne voit point les chiffres changer, tant que c'eſt une même Paroiſſe : car les chiffres des articles d'un même clos doivent ſe ſuivre : les plans ne doivent jamais couper un clos en deux ; c'eſt à l'Arpenteur à arranger ſes cartes pour que cela n'arrive pas. Mais quand le clos s'étend ſur deux Paroiſſes, le chiffre change, chaque Paroiſſe cotant ſéparément les clos qu'elle contient. On voit dans le modele trois autres colonnes ; ce n'eſt point à l'Arpenteur de les remplir : on verra par la ſuite que ce feront les Rénovateurs du Terrier qui le feront, & cela ſera d'un grand uſage.

III.2.1 Le ſecond relevé d'arpentage ſe fait ſur le premier ; on met ſur des feuilles volantes, tenues par ordre alphabétique des noms des vaſſaux & cenſitaires, ce que chacun poſſede dans tous les différens clos, comme il eſt porté dans tous les articles du premier relevé.

III.2.2 Ce relevé des noms par vaſſaux ou cenſitaires doit être fait ſur des feuilles volantes *in-folio* ; une feuille entiere pour chaque cenſitaire n'eſt point trop, parce que, comme il faudra ſouvent manier ces feuilles pour y placer le dépouillement du relevé par clos, les deux *folios* donnent de la conſiſtance pour réſiſter à ces maniemens fréquens. Quelquefois il en faudra plus d'une ; on augmentera à proportion que le Propriétaire aura d'articles. Il faut à cette feuille deux grandes marges d'un pouce & demi chacune, & une ſeule grande colonne au milieu. Il n'eſt pas beſoin d'autre petite marge, parce que cela n'eſt pas deſtiné à être relié. *Voyez* le modele ci derriere. On commencera par écrire dans la marge qu'on a à ſa gauche, le nom du vaſſal ou cenſitaire : il faut qu'il ſoit dans cette marge, & non au milieu de la feuille, pour le trouver plus facilement quand on le recherchera pour mettre un ſecond article ; on n'eſt pas obligé de tant ouvrir les feuilles ; & le tas dans lequel elles ſe trouvent, n'échappe pas ſi aiſément.

III.2.3 Sur la grande colonne on écrit tous les articles de chaque vaſſal ou cenſitaire, la nature du bien, le clos dans lequel il eſt ſitué, & ſa Paroiſſe ; enſuite les joignans, qu'il eſt bon de ſéparer les uns des autres par une petite ligne, tant afin de donner plus de netteté, qu'afin de donner auſſi un peu plus de place pour changer ces tenans, ſuivant la déclaration du Propriétaire, s'il y a lieu. On marque auſſi les charges dont l'héritage eſt chargé. Enfin, on y ajoute la cote du plan dans lequel cet article a été employé. Comme ces feuilles ſont deſtinées à ſervir de projet de déclaration, il faut qu'elles puiſſent contenir tous les titres d'acquiſition des vaſſaux & cenſitaires. L'indication s'en met dans la marge à gauche à côté de chacun des articles ; on la tirera non-ſeulement des actes fournis par les Particu-

III. 2.e *MODELE DU RELEVÉ D'ARPENTAGE par noms de Censitaires.*

JACQUES THOUJAR,

Ce. 26 Octobre 1723, Tricoreau a acquis de Choubert. A exhibé le contrat du 30 Septembre 1743, par lequel il a acquis de Jacques Tricoreau.	1	Une chambre de maison & ses appartenances à la Goujonniere, Paroisse d'Onzain—joignant d'amont à Jacques Resneau — d'aval à Jeanne Resneau sa fille — de galerne audit Resneau—& de solaire à Jean Mouniere.—A 10.	Censif de Carie.
Idem que le premier article.	2	Une demi-boisselée de terre audit lieu, joignant d'amont à Jean Mouniere — d'aval à ladite Jeanne Resneau — de galerne à Jacques Resneau — de solaire audit acquéreur.—Doit dîme.—A 11.	*Idem.*
Ce. 27 Janvier 1724, Tricoreau a acquis de René Chapu. A exhibé le contrat du 30 Septembre 1743, par lequel il a acquis de Jacques Tricoreau.	3	Deux boisselées de terre audit lieu, joignant d'amont audit acquéreur— d'aval à Jeanne Resneau — de solaire à la traite de la Goujonniere à la Champronniere — de galerne à la fosse dudit lieu.—A. 12.	*Idem.*
Idem que le troisieme article.	4	Demi-arpent de vignes aux Boisseries, dite Paroisse d'Onzain — joignant d'amont à Mathurin Cedé — d'aval à Nicolas Boulon — de solaire à Jean Lefevre — de galerne à René Chauveau.—A. 13.	En fief d'Onzain; doit foi & hommage. A fait la foi le 30 Juillet 1752; a fourni aveu le 10 Août 1752.
Idem que le premier article.	5	Un quartier de vignes audit lieu — joignant de solaire & d'amont audit acquéreur — de galerne à Jacques Resneau — d'aval à Jean Souzé.—A 14.	Censif de Carie.
Idem que le troisieme article.	6	Deux arpens de terre à la Massoniere, Paroisse de Santhenay—joignant d'aval à Nicolas Miron—d'amont à Jean Mouniere—de galerne à Jacques Fouriau — de solaire au chemin d'Onzain à Saint-Etienne.—Doit terrage.—B. 15.	Censif de Bury.

liers,

liers, mais s'ils ne suffisent pas pour prouver les changemens depuis 30 ans, on aura recours aux registres des Receveurs du Centieme denier, qui fournissent toutes les mutations arrivées tant en fief que censif, pendant l'espace dont on veut avoir connoissance. C'est l'objet de cette apostille mise en marge, qui commence par Ce, qui veut dire Centieme. On dira par la suite dans quel moment on doit se munir de cette connoissance des registres du Centieme denier. L'autre marge à droite reste vuide pour y placer les censifs ou les fiefs, quand ils seront connus. Les dates des saisies féodales, faute de service & des mains-levées, ensemble des actes féodaux lorsqu'ils auront été fournis par les vassaux & censitaires y seront aussi placées. *Voyez* le modele susdit.

III.3. On voit que le premier relevé est l'ouvrage de l'Arpenteur; il n'y a que lui qui puisse le faire d'après les brouillons qu'il a faits sur les lieux, où il écrit sommairement les noms de ceux qui possédent chacune des pieces qu'il arpente, & les charges domaniales ou censuelles de ces pieces: on dit domaniales, parce qu'il y a des héritages qui sont tenus de rentes foncieres, de dîme, de terrage; censuelles, parce qu'il y a des biens sujets à différens cens, de quatre deniers, huit deniers, à cher-prix, &c. Il est bon que l'Arpenteur s'informe de tout cela sur les lieux, & qu'il en fasse des notes, sauf la vérification par les titres. Un Arpenteur intelligent peut sur le terrain même faire ce relevé d'arpentage sans être obligé de le copier sur ses brouillons; il suffit qu'il prenne du papier tel qu'il est demandé pour le relevé d'arpentage, & qu'il observe tout ce qui a été marqué à l'égard de ce relevé.

Le relevé par noms de censitaires doit être fait par ceux qui travaillent au chartrier.

III.4. On sent assez l'utilité de ce double relevé, l'un est l'interprétation des plans, & met à portée de confronter sur iceux les difficultés qui pourront naître lors de la passation des déclarations, & autres actes féodaux des vassaux, compris dans l'étendue du terrain arpenté; l'autre forme le projet des déclarations tout dressé par chaque censitaire, pour lui faire ajouter ce qu'il aura omis dans sa déclaration, & qui aura été connu par ce second relevé de l'arpentage fait pour chaque Particulier. Il en est de même pour les aveux des vassaux à l'égard des fiefs compris dans l'arpentage; mais il n'est pas nécessaire de faire un relevé des biens du Seigneur sous son nom; cela se fera en écrivant l'aveu, & formant la partie de son Domaine d'après le relevé des clos, ainsi qu'il sera dit ci-après sur la confection de l'aveu.

III.5. Ces relevés de plans par joignans ne sont point du tout un ouvrage ſommaire dans une grande Terre. On peut en juger parce qui a été dit que le relevé par noms de vaſſaux étoit le projet même de toutes les déclarations qui doivent être paſſées par les cenſitaires : c'eſt auſſi le total du Domaine : c'eſt enfin une partie des fiefs de la Seigneurie contenue dans l'étendue des Paroiſſes de ſa mouvance. Le relevé par clos n'eſt pas moins long, puiſqu'on y met de même les joignans. Il ſeroit donc fort avantageux qu'on pût ſe délivrer d'un ouvrage ſi conſidérable, & ne demander à l'Arpenteur que le relevé par noms de vaſſaux. Mais, 1°. qui aſſurera que l'Arpenteur a pris exactement tous les noms des vaſſaux dans ſon relevé ? 2°. S'il y a des conteſtations, comme cela eſt immanquable dans le cours de tant d'opérations, qui eſt-ce qui mettra à portée de les juger ? Sera-ce un plan muet qui ne contient que des noms de clos & des chiffres ? N'eſt-il pas bien plus avantageux, pour juger des difficultés, d'avoir en détail par joignans tout le circuit de ce clos, ſur lequel il y a conteſtation ? Pourroit-on même, en ſuppoſant que le plan fût couvert des ſignes de l'arpentage pour exprimer les arpens, les boiſſellées, & les perches, s'en rapporter à ces chiffres, & ne vaut-il pas bien mieux voir ce détail de la propriété de chacun des vaſſaux exprimé en toutes lettres ? L'Arpenteur ſait mieux décider les orientations de chacun des côtés des articles de ſon arpentage. Souvent il n'y a que l'Arpenteur tout ſeul qui puiſſe ſe reconnoître dans ſes plans.

CHAPITRE QUATRIEME.

Les Aſſignations données aux Vaſſaux & Cenſitaires, pour exhiber leurs titres, & reconnoître le Seigneur. Tarif des Droits dus aux Officiers pour les Actes féodaux. Saiſie des biens de ceux qui ſont refuſans ou délayans de comparoître.

ARTICLE I.

Aſſignations données aux Vaſſaux & Cenſitaires, pour exhiber leurs titres, & reconnoître le Seigneur.

I. ON pourroit demander de bonne heure les titres des vaſſaux; mais, ou il les faudroit garder long-tems, ou en faire un dépouillement ſéparé ſur des feuilles volantes, & s'expoſer à prendre beaucoup de détail inutile, qu'on craindroit d'omettre, faute de connoître les parties ſur leſquelles ſeulement il faut s'arrêter. Il faut donc auparavant avoir une connoiſſance complette de tous les titres de la Terre, la connoître elle-même bien en détail par l'arpentage, avoir fait les relevés de cet arpentage qui ſoient en état de recevoir toutes les connoiſſances qui pourront venir des titres des particuliers.

Quand tous ces préparatifs ſont en bon ordre, on peut donner des aſſignations. Ces aſſignations ne ſe donnent pas à chaque particulier; ils ſont tous cenſés avoir été aſſignés quand on a publié les Lettres de papier-terrier, dont on va parler dans l'article ſuivant.

II. L'autorité des Seigneurs pour ſe faire reconnoître par leurs vaſſaux & cenſitaires, eſt aſſez établie par toutes les Coutumes, pour que le Seigneur n'ait pas beſoin d'autre force que celle qui lui eſt donnée par ces Loix pour obliger, par Sentence de ſon Juge, tous ceux qui ſont dans ſa mouvance à lui faire la foi & hommage, & lui fournir aveu & dénombrement, ou déclaration; mais les Seigneurs prudens préferent la voie des Lettres de papier-terrier; ils n'ont juſqu'à l'Arrêt qu'un degré de juriſdiction à eſſuyer, & toutes les conteſtations qui peuvent s'élever en ſont d'autant plutôt terminées. D'ailleurs, l'autorité du Prince, ajoutée à celle que le Seigneur tire des Loix coutumieres, en impoſe encore davantage, & peut empêcher de mauvaiſes conteſtations.

III. *LETTRES de Papier-Terrier obtenues pour le Comté de Roſtaing, le 26 Juillet 1747.*

« LOUIS, par la grace de Dieu, Roi de France & de Navarre, III.1. à » notre Bailli de Blois, ou ſon Lieutenant, & autres nos Officiers qu'il » appartiendra, ſalut ». (Ceux qui ont droit de committimus les peuvent faire adreſſer aux Requêtes du Palais). » Notre cher & bien amé le S.... » Comte de Roſtaing-Bury, Seigneur d'Aſnieres & autres lieux, III.2. nous » a fait repréſenter qu'il eſt Propriétaire du Comté de Roſtaing-Bury,

» relevant de Nous à cause de notre Comté de Blois, & de ladite Seigneu-
» rie d'Asnieres, relevante de la Seigneurie de Lorge, & qu'à cause des-
» dits Comté de Rostaing-Bury, & Seigneurie d'Asnieres, il a tout le droit
» de Justice, haute, moyenne & basse, droits de foi & hommage, cens
» & rentes, lods & ventes, champarts, bannalité de moulins, fours &
» pressoirs, droits de boucherie, dîme; redevances, & autres droits sei-
» gneuriaux & féodaux qui lui sont dus par plusieurs personnes, tant Ec-
» clésiastiques & Nobles que autres, & dont ledit sieur Exposant & ses
» Prédécesseurs ont joui de tous tems; mais craignant que lesdits droits
» souffrent du dépérissement, & que les redevables d'iceux & les déten-
» teurs des biens qui en sont chargés, refusent de les reconnoître, d'en
» communiquer les titres, & d'en donner aveux, déclarations & dénom-
» bremens, ledit sieur Exposant Nous a très-humblement fait supplier de
» lui pourvoir de nos Lettres, au moyen desquelles il puisse faire procé-
» der au Terrier desdits Comté de Rostaing-Bury & Seigneurie d'Asnieres,
» & se mettre en état de fournir les aveux, déclarations & dénombremens
» que lui-même est obligé de donner: *A ces causes*, voulant favorablement
» traiter ledit Exposant, III.3. & lui donner les moyens nécessaires de
» connoître & de conserver les droits & devoirs qui dépendent dudit
» Comté de Rostaing-Bury & Seigneurie d'Asnieres, Nous vous mandons
» par ces Présentes qu'à la Requête dudit sieur Exposant, III.4. vous fas-
» siez savoir tant par publication à l'issue des Messes Paroissiales que par
» affiches & cri public ès lieux accoutumés desdits Comté de Rostaing-
» Bury & Seigneurie d'Asnieres & dépendances, à tous vassaux, cen-
» sitaires, tenanciers, emphytéotes, & détenteurs des biens & héritages
» sujets auxdits droits & devoirs, & généralement à tous les redevables
» d'iceux, résidens & non résidens, III.3.1. qu'ils aient à faire les foi &
» hommage, & donner dans le tems qui leur sera prescrit, les aveux &
» dénombremens, reconnoissances, & fideles déclarations, dont ils sont
» tenus, des noms, qualités, contenances, tenans & aboutissans, charges &
» redevances, tant en fiefs que rotures, de tout & chacun les bâtimens,
» terres, bois, étangs, moulins, rivieres, prés, vignes, & autres biens
» & domaines qu'ils tiennent & possedent dans la mouvance & directe
» dudit sieur Exposant, à cause de sesdits Comté de Rostaing-Bury, &
» Seigneurie d'Asnieres, & qui sont sujets auxdits droits & devoirs, re-
» présenter les titres en vertu desquels leurs Prédécesseurs ont joui desdits
» biens, domaines & héritages, & en vertu desquels eux-mêmes jouissent
» actuellement, III.3.2. & ce pardevant un ou deux Notaires, qui seront

» par ledit ſieur Expoſant, nommés & par vous commis : ſe purger par
» ſerment ſur la vérité deſdits aveux, déclarations, reconnoiſſances & dé-
» nombremens ; III.3.3· payer les arrérages dus & échus : III.3.4· A quoi
» faire voulons les détenteurs & Propriétaires deſdits biens, domaines,
» & héritages, & les redevables des ſuſdits droits être contraints par les
» voies ordinaires & accoutumées ; & en cas de refus, omiſſion, délai, ou
» oppoſition, notre main ſuffiſamment garnie. Quant aux choſes tenues no-
» blement, voulons leſdits détenteurs, propriétaires & redevables être
» par leſdits Notaires renvoyés & aſſignés pardevant vous, ou pardevant
» les Juges deſdits Comté de Roſtaing-Bury, & Seigneurie d'Aſnieres,
» que Nous vous donnons pouvoir de ſubdéléguer en premiere inſtance,
» par appel en notre Cour de Parlement, pour ſe voir condamner à recon-
» noître & payer leſdits droits & devoirs. III.9. Les frais deſquelles dé-
» clarations, foi & hommages, aveux & dénombremens ſeront par vous
» modérément réglés par un tarif que vous ferez auſſi publier & afficher
» par-tout où beſoin ſera. III.7. Et où ledit ſieur Expoſant voudroit ſou-
» tenir les aveux, reconnoiſſances, déclarations, & dénombremens fournis
» n'être pas valables, vous ayiez, aux dépens de qui il appartiendra, à faire
» arpenter & meſurer leſdits biens, domaines, terres & héritages, Parties
» préſentes ou duement appellées, faire planter bornes & limites aux en-
» droits néceſſaires. III.3.5. Et de tout faire faire par leſdits Notaires, re-
» giſtres & papiers-terriers, dans leſquels ſeront tranſcrits les aveux, dé-
» clarations, reconnoiſſances & dénombremens, corvées, cens, rentes,
» redevances, & généralement tous les droits & devoirs ci-deſſus ſpécifiés
» & non-ſpécifiés, appartenans audit ſieur Expoſant à cauſe deſdits Comté
» de Roſtaing-Bury, & Seigneurie d'Aſnieres; enſemble les fiefs, arriere-
» fiefs, maiſons, terres, domaines, moulins, étangs, rivieres, prés,
» vignes, bois, & généralement tous les héritages chargés deſdits droits
» & devoirs ; pour être le tout délivré audit ſieur Expoſant, & lui ſervir
» & valoir ce que de raiſon. III.3.4· Et où il y auroit faute de titres, &
» ledit ſieur Expoſant auroit beſoin de les recouvrer, mandons à notre
» premier Huiſſier, ou Sergent ſur ce requis, faire exprès commandement
» de par Nous à tous Notaires, Tabellions, Greffiers, & autres Perſonnes
» publques qui ont aucuns contrats de vente, tranſports, échanges, do-
» nations, déclarations, foi & hommage, aveux & dénombremens, &
» papiers terriers des choſes ſuſdites, qu'ils aient à les montrer & exhiber
» pardevant vous ou votre Subdélégué, pour être compulſés, & d'iceux
» être baillé copies collationnées aux originaux, Parties préſentes ou due-

» ment appellées, dans le tems qui leur sera par vous ou votre Subdé-» légué préfixé, leurs droits de délivrance & vacations payés. Et où lesdits » Notaires, Tabellions, Greffiers, ou autres, seroient refusans d'exhiber » & bailler copies desdits contrats & papiers, procéder contr'eux par peines » & amendes, telles que vous verrez être à faire, que voulons être levées » sur eux sans déport. III.8. Permettons en outre audit Suppliant s'appro-» prier toutes & chacunes les terres, près, vignes, & autres héritages va-» cans en toute l'étendue desdites Terres & fiefs, dont ne lui apparoîtra » aucun détenteur, & icelles cultiver si bon lui semble, pendant trois » ans, pendant lesquels tous légitimes Possesseurs pourront les réclamer » en payant les frais desdites cultures; & après iceux ledit Seigneur en » demeurera plein Possesseur & Propriétaire; le tout suivant & au desir » de la Coutume des lieux. Et pour l'exécution des Présentes, mandons » au premier notre Huissier ou Sergent sur ce requis, de faire toutes assi-» gnations, commandemens, & autres actes & exploits requis & néces-» saires, III.5. sans demander autre permission. Car tel est notre plaisir. » Donné à . . . . . . le . . . . &c. »

IV.1. Requête ayant été présentée au Lieutenant-Général du Bailliage de Blois, il rendit sa Sentence le 24 Novembre audit an 1747. Le dispositif de cette Sentence n'est gueres que la copie de ce qui est ordonné par les Lettres de Terrier. Le Juge seulement fait ce que ces lettres lui prescrivent de faire.

IV.1.2. Il nomme le Notaire qui doit recevoir les actes.

IV.1.3. Il définit le délai de quinzaine pour donner par écrit les aveux & dénombremens, reconnoissances, & fideles déclarations: (& comme ce délai pourroit n'être pas suffisant, il est bon de faire accorder par le Juge-Subdélégué un second délai de quinzaine, & même un délai de grace de huitaine, & de les faire publier dans la forme du premier délai) il ordonne la publication des Lettres de Terrier, &, comme lesdites Lettres, la pres-tation des foi & hommage, le parfournissement des aveux & déclarations, la représentation des titres, le serment sur la vérité des aveux & déclara-tions, le paiement des arrérages, les saisies en cas de refus ou délai.

IV.1.1. Délegue le Bailli du Comté de Rostaing aux fins desdits paie-mens, reconnoissances & devoirs, l'arpentage & plantation de bornes, la confection du registre & papier-terrier par le Notaire désigné (1).

(1) Il y a, dans le modele de cette Ordonnance, défense à tous Propriétaires de fiefs relevans du Seigneur, de faire faire leur papier-terrier ni continuer celui

« Et s'exécuteront ces Présentes, nonobstant oppositions ou appellations » quelconques, & sans préjudice d'icelles, attendu qu'il s'agit de l'exé» cution de Lettres de terrier. De ce faire, audit Huissier ou Sergent Royal » donnons pouvoir. Donné à Blois, &c. »

Il y a au chartrier d'Onzain un Arrêt du Parlement, du 9 Septembre 1715, qui ordonne que les assignations seront données en la Cour, pour parvenir au papier-terrier des droits de Madame de Bury, infirmant quant à ce une Sentence du Présidial de Blois qui avoit ordonné qu'il seroit procédé sur lesdites assignations audit Présidial.

IV.2. Le Bailli de la Seigneurie enregistre lesdites Lettres de terrier, ensemble la Sentence du Juge qui l'a commis, pour les mettre à exécution en ce qui lui est attribué.

V. Aucune Loi ne peut être exécutée si elle n'a été auparavant promulguée : aussi cette publication est-elle ordonnée par les Lettres de terrier, & par la Sentence d'entérinement desdites Lettres ; ce n'est que du jour de leur publication que les délais courront contre les vassaux. Il faut que les Lettres soient lues, publiées & affichées aux lieux accoutumés où se font les criées des saisies ; qu'on annonce aussi le tems accordé aux vassaux pour satisfaire auxdits Lettres. Il faut aussi désigner le Notaire nommé par le Juge qui a entériné les Lettres, afin que les vassaux aient à s'adresser à lui privativement à tous autres. Ces publications doivent être certifiées par les Curés. Le Procureur Fiscal doit avoir soin de retirer les certificats & de les faire contrôler. Ils sont absolument nécessaires pour la validité & le soutien du Terrier général : car ces publications tiennent lieu des assignations qui doivent être données à chacun des vassaux pour leur demander leurs foi & hommage, aveux, & déclarations.

III.10. Les Lettres de terrier se surannent quand on en discontinue pendant une année l'exécution : il faut alors obtenir des Lettres de surannation. Il faut sur ces Lettres reprendre les mêmes procédures qui ont été observées sur les premieres : même enregistrement par le Juge à qui elles sont adressées, & par celui qu'il subdélegue. Il faut aussi les faire publier, &c. Pour éviter ces inconvéniens, il faut faire de tems en tems quelque acte en vertu desdites Lettres pour conserver leur existence.

---

qu'ils pourroient avoir commencé, jusqu'à ce que par le Bailli de la Seigneurie il en ait été autrement ordonné, à peine d'amende. Pourquoi défendre aux vassaux de procéder à leurs Terriers ? Il semble que plus ils peuvent hâter les déclarations qui leur sont dues, plus ils sont en état de fournir promptement leurs aveux au Seigneur.

ARTICLE II.

ARTICLE II.

Tarif des Droits qui doivent être perçus par le Juge, les Notaires, Sergens & Arpenteurs.

On ne met rien dans ce tarif pour les Ordonnances de ſaiſie féodale, parce qu'on ne doit prendre qu'une commiſſion générale de ſaiſie ſur tous les vaſſaux ou cenſitaires refuſans ou délayans ; autrement on feroit des frais immenſes aux vaſſaux.

Ce tarif eſt celui qui eſt propoſé par l'Auteur du Traité des Papiers-Terriers généraux de Sa Majeſté. On y a joint une conférence des Arrêts du Conſeil & Lettres-Patentes ſur iceux, des premier Juillet 1673, & 18 Juin 1683, avec ledit projet de tarif: il ſera ſuivi d'un nouveau projet.

ARTICLE PREMIER.

I.1. Par chaque Jugement de main-levée ou reblandiſſement des héritages ſaiſis, ſera payé au Juge 7 ſols 6 den. au Procureur Fiſcal 5 ſols, & au Greffier 5 ſols par rôle, compris le papier (1); & en cas de téméraires conteſtations, ceux qui auront conteſté, ſeront condamnés aux dépens liquidés par un ſeul & même Jugement (2).

ART. II.

I.2. Pour chacune foi & hommage ſimple & lige, compris le papier & droit de minute, il ſera payé au Notaire 30 ſols (3).

---

(1) 1673 & 1683. Au Juge, 15 ſols ; aux Procureur Fiſcal, & Greffier, chacun 5 ſols.

(2) 1673. Ils ſeront condamnés aux dépens de leur mauvaiſe conteſtation, dont la liquidation ſera modérément faite par leſdits Juges ſubdélégués aux proportions ci-deſſus.

(3) 1673. Les 4 premieres pages de minute, 30 ſols, & les autres à 5 ſols chacune.

1683. Six ſols par page y compris le papier & parchemin timbré.

ART. III.

Pour chacun aveu & dénombrement qui contiendra trente lignes à la page, & vingt-deux ſyllabes à la ligne, 8 ſols par rôle, compris le papier & droit de minute (1).

ART. IV.

Pour chacune déclaration de biens en roture qui contiendra 30 lignes à la page, & 22 ſyllabes à la ligne, 6 ſols par rôle, compris le papier timbré & droit de minute (2).

ART. V.

Outre leſdits droits, les Parties rembourſeront aux Notaires les droits de contrôle de chacune foi & hommage, aveu & dénombrement, & déclaration.

ART. VI.

Si les Parties deſirent avoir par devers elles une expédition des actes ci-deſſus, qu'elles auront fournis au Terrier, on payera au Notaire les deux tiers du droit principal.

ART. VII.

I. 3. Sera le premier commandement, portant avertiſſement de donner

---

1673. Groſſe en parchemin, 20 ſols par rôle. 1683. Six ſols par page y compris le parchemin timbré.

1673. Expédition en papier, 8 ſols par rôle.

(1) 1683. Longueur des pages & des lignes. *Idem.* (Chaque page fait 660 ſyllabes). 1673. 25 lignes pour page, 15 ſyllabes pour ligne, (ce qui fait par page 375 ſyllabes).

(2) Arrêt du Conſeil, du 19 Juin 1736. « Il ſera payé 30 ſols pour le premier » article deſdites déclarations, & 5 ſols pour chacun des autres articles, non » compris le coût du papier, ſcel & contrôle ». . . . Leſdits Notaires ſigneront » chacun à leur égard, auſſi moyennant le ſalaire ci-deſſus réglé, les expéditions » des déclarations qui auront été reçues par chacun d'eux, après qu'elles auront » été portées dans les volumes dudit Terrier ». Cette charge eſt très-à-propos impoſée aux Notaires. Si on leur paſſe les 30 ſols par premier article, & 5 ſols par chacun des autres, le Terrier du Seigneur ſe trouvera alors formé ſans frais de ſa part, & il n'y a rien d'injuſte à cela. Les vaſſaux lui devant des expéditions de leurs actes, qu'elles ſoient écrites en volume faiſant Terrier, ou en feuilles volantes d'expéditions, cela leur eſt égal. A l'égard des Notaires même avec cette charge, ce droit eſt bien fort pour la Campagne. 20 ſols pour le premier article, 2 ſols pour chacun des autres, ſont ſuffiſans.

par déclaration, foi & hommage, aveu & dénombrement, fait aux frais du Seigneur.

ART. VIII.

Pour les aſſignations. Si aucunes ſont données pour réformer les déclarations, aveux & dénombremens, ſera payé dans les Villes & gros Bourgs, 5 ſols, & à la Campagne, 7 ſols 6 den. compris le papier, & non les droits du contrôle; & ne pourra l'Huiſſier avoir plus de 40 ſols par jour, compris ſon papier, & non les droits de contrôle (1).

ART. IX.

Pour chacun commandement, autre que le premier, ſera payé le même droit que pour les aſſignations (2).

ART. X.

Pour chacune ſaiſie féodale, dans la Ville ou Bourg, 30 ſols; aux Adjoints, chacun 20 ſols, non compris le contrôle; & à la Campagne, à raiſon de 5 ſols par lieue d'augmentation pour l'Huiſſier, & de 2 ſ. 6 d. pour chaque Adjoint (3).

ART XI.

I.4. S'il eſt néceſſaire de meſurer & arpenter les héritages, il ſera payé à l'Arpenteur & Experts, chacun 25 ſ. par jour, & pour leur rapport ou procès-verbal, 6 ſols par rôle, compris le papier.

---

(1) 1683. Pour réformer déclarations, dans les Villes, 7 ſols 6 den. & à la Campagne, 8 ſols. (C'eſt ſans doute ſans compter les 15 ſols par lieue pour aller & revenir).

Nota. Le calcul de 40 ſols par jour pour les droits de l'Huiſſier, comment établir ce compte avec lui, & ſur laquelle des aſſignations fera-t'on tomber la réduction? Il en naîtra vis-à-vis des Particuliers une variation, peu convenable, du prix de ces aſſignations.

(2) 1673. 1683. Dans les Villes, avec exécution & contrainte, 15 ſols.

1673. A la Campagne, 20 ſols ſuivant la diſtance des lieux, à raiſon de 15 ſols par lieue pour l'aller & retour. 1683. A raiſon de 15 ſols par lieue pour le voyage & le retour.

(3) 1673. 1683. Dans les Villes, 15 ſols; à la Campagne, compris le contrôle; 1673. 60 ſols; ... 1683. 15 ſols par lieue pour aller & pour revenir.

ART. XII.

II. Faisons défenses aux Notaires, Greffiers, Huissiers, & à tous autres, d'exiger autres & plus grands droits que ceux fixés par le présent Réglement, à peine de concussion, restitution du quadruple, & des peines suivant les Ordonnances.

ART. XIII & dernier.

III. Et sera au surplus notre présente Ordonnance & le présent Réglement lu & publié aux prônes des Messes Paroissiales dudit Comté; enregistré au Greffe dudit lieu, & affiché à la porte de l'Auditoire, & autres endroits publics, nécessaires & accoutumés, à la diligence dudit sieur Comte de. . . . . . afin qu'aucune personne n'en prétende cause d'ignorance. Fait, &c.

On a ôté de ce tarif les droits des Officiers de Justice pour la réception des actes féodaux & censifs; on a regardé cette formalité comme inutile & coûteuse aux vassaux. Cela se pratique à la vérité pour les Papiers-Terriers du Roi, mais un Seigneur peut très-bien se passer de cette forme, & son Juge ne doit paroître contre les vassaux que quand ils contestent témérairement le blâme que le Seigneur a fait de leurs aveux & déclarations. Si cependant cette Coutume étoit introduite dans une Seigneurie, les droits des Officiers se trouvent fixés dans l'Arrêt du Conseil du 18 Juin 1683, revêtu de Lettres-Patentes: pour le Juge, 10 sols, le Procureur du Roi, 5 sols, le Greffier, 2 sols 6 den. par vérification & réception de chacune déclaration.

Des combinaisons de ce tarif avec les Arrêts du Conseil qu'on lui a conférés naît un nouveau projet de tarif. Ces tarifs ne doivent point être faits à l'aventure; ils doivent être bien pésés, pour ne faire tort ni aux Officiers ni aux vassaux.

ARTICLE PREMIER.

I.1. Pour chaque Jugement de main-levée ou reblandissement des héritages saisis, sera payé, au Juge 15 sols, au Procureur Fiscal 5 sols, & au Greffier 5 sols.

ART. II. (1)

Au cas de téméraires contestations, sera rendu un Jugement de blâme;

(1). *Nota.* Si on veut que les vérification & réception soient faites par les Officiers de Justice, on fera de leurs droits ci-dessus décrits le second article du présent tarif.

& ceux qui auront contesté seront condamnés aux dépens, liquidés par un seul & même Jugement.

ART. III.

I.2. Pour chacune foi & hommage simple ou lige, il sera payé au Notaire 30 sols.

ART. IV.

Il sera payé 20 sols pour le premier article de chacune déclaration, & 2 sols pour chacun des autres articles, non compris le coût du papier, scel & contrôle.

ART. V.

Moyennant le salaire ci-dessus réglé, ledit Notaire signera (s'il y en a plusieurs, lesdits Notaires signeront chacun à leur égard) les expéditions des déclarations par lui (ou par eux) reçues, après qu'il les aura (ou qu'ils les auront) portées dans les volumes dudit Terrier.

ART. VI.

Si les Parties desirent avoir par devers elles une expédition des actes qu'elles auront fournis au Terrier, elles paieront aux Notaires les deux tiers du droit principal.

ART. VII.

I.3. Sera le premier commandement, portant avertissement de donner par déclaration foi & hommage, aveu & dénombrement, fait aux frais du Seigneur.

ART. VIII.

Pour les assignations, si aucunes sont données pour réformer les déclarations, aveux & dénombremens, & pour chacun commandement, autre que le premier, sera payé 7 sols 6 den. compris le papier & non les droits de contrôle; par chacune saisie féodale, 30 sols; aux Adjoints, chacun 20 sols, aussi non compris le contrôle.

ART. IX.

Pour lesdites assignations, commandemens & saisies faites à la Campagne, sera en outre payé 15 sols par lieue, pour le voyage & retour de l'Huissier, & 7 sols 6 den. pour chacun des Adjoints.

ART. X.

I.4. S'il eſt néceſſaire de meſurer & arpenter les héritages, il ſera payé à l'Arpenteur & Experts, chacun 30 ſols par jour; & pour leur rapport ou procès-verbal, 6 ſols par rôle, compris le papier: ſi mieux n'aiment leſdits Arpenteurs & Experts être payés ſur le pied de 5 ſols par arpent, compris le rapport ou procès-verbal & papier. (*Nota.* Ce prix de 5 ſols doit varier ſelon que les arpens ſont grands ou petits).

ART. XI.

II. Faiſons défenſes aux Notaires, Greffiers, Huiſſiers, & à tous autres, d'exiger autres & plus grands droits que ceux fixés par le préſent Réglement, à peine de concuſſion, reſtitution du quadruple, & des peines ſuivant l'Ordonnance.

ART. XII.

III. Et ſera au ſurplus notre préſente Ordonnance & le préſent Réglement, lus & publiés aux prônes des Meſſes Paroiſſiales dudit Comté, enregiſtrés au Greffe dudit lieu, & affichés à la porte de l'Auditoire, & autres endroits publics, néceſſaires & accoutumés, à la diligence dudit ſieur Comte de . . . . . afin qu'aucune perſonne n'en prétende cauſe d'ignorance. Fait, &c. Donné, &c.

IV. C'eſt le Juge qui entérine les Lettres de Terrier, qui doit régler le tarif. Le Bailli de la Seigneurie, à qui a été fait le renvoi des Lettres par le Juge à qui elles ont été adreſſées, fait l'enregiſtrement deſdites Lettres ſur le réquiſitoire du Procureur Fiſcal qui les préſente. La Sentence d'entérinement du Juge qui a reçu les Lettres, porte dans ſon diſpoſitif: « Nous » Bailli & Commiſſaire Subdélégué ſuſdit, l'Audience tenante, les Ordon» nances & Réglemens de M. . . . . . en date des . . . . . . enſemble » les Lettres de Terrier en forme de commiſſion, du . . . . . ont été lus, » publiés & regiſtrés au Greffe de ce Siege, pour être exécutés ſelon leur » forme & teneur; & en conſéquence ordonnons que leſdites Lettres de » Terrier, Ordonnance & Réglement de M. . . . . . & le préſent Juge» ment ſeront lus & publiés aux prônes des Paroiſſes de cette Seigneurie, » du reſſort & enclave de cette Juriſdiction & Département, & qu'affi» ches ſeront miſes & appoſées à la diligence du Seigneur de cette Cour, aux » lieux & endroits publics que beſoin ſera, en la maniere accoutumée, à » ce que perſonne n'en prétende cauſe d'ignorance, & aient à y ſatisfaire, » & paſſer leurs déclarations au Terrier dans quinzaine, ſinon, & ledit

» tems passé, qu'ils seront poursuivis en la forme prescrite par les Ordonnances de M. . . . . . & Lettres du Grand-Sceau. Mandons au premier » Huissier ou Sergent de cette Cour, de mettre ces Présentes à due & entiere exécution : de ce faire lui donnons pouvoir. Donné à . . . . » l'Audience tenante, & prononcé par nous Bailli & Commissaire Subdélégué susdit, le . . . . (*Signé*) . . . . . (Greffier). (Et scellé) ».

ARTICLE III.

Saisie des biens de ceux qui ne fournissent par leurs actes de foi & hommage, aveux, dénombremens & titres.

I. *Inconvénient & inutilité des Sentences portant Jugement de saisie féodale contre chacun des vassaux.*

II.1. *Commission générale de saisir féodalement, donnée par le Juge-Subdélégué.*

II.2. *Sa surannation.*

III.1. *Exploit de saisie en vertu de ladite commission, établissement de Commissaire, signification de l'exploit.*

III.2. *La surannation par trois ans.*

IV. *Ce qui doit précéder la saisie.*

V. *Si elle a lieu à défaut de paiement de profits.*

VI. *Criées des biens saisis.*

VII. *Comment on jouit des biens saisis.*

VIII. *Droit Coutumier sur les saisies.*

I. Quand les Officiers de Justice cherchent à multiplier les procédures, ils rendent des Jugemens contre chacun des vassaux qui sont refusans ou délayans de fournir les actes féodaux. C'est un grand profit pour eux que cette multitude de Jugemens ; mais c'est aussi une vexation d'autant plus injuste qu'elle est absolument inutile.

L'Auteur du Traité des Papiers-Terriers généraux de Sa Majesté, dit, page 187 : « Après les délais expirés, itératif commandement préalablement fait, sans autre assignation, procédure, ni Jugement, on peut » prendre commission générale du Juge subdélégué, pour procéder, par » simple saisie féodale & censiere, sur les biens des vassaux & tenanciers, » & par amende coutumiere faute d'hommes, droits & devoirs non faits » & non payés, d'aveux & dénombremens non baillés. Cette voie qui est » ouverte & conforme aux Loix du Royaume, abrege infiniment la procédure, également à charge au Seigneur & aux vassaux, tenanciers & » censitaires ».

II.1. Ce même Auteur donne la forme des Commissions générales pour les saisies féodales. " Nous Bailli, & Juge ordinaire, civil, criminel & de » police du Comté de . . . . . Commissaire subdélégué par Ordonnance » de M. . . . . nommé pour la confection du Papier-Terrier général » dudit Comté. . . . . . (On copie le réquisitoire du Procureur Fiscal, ensuite le Juge prononce). " Il est mandé au premier Huissier ou Sergent » de ce Comté sur ce requis, à la Requête de . . . . . Seigneur de la » Terre & Seigneurie du Comté de . . . . poursuite & diligence de » M^e^ . . . . . . Procureur Fiscal dudit Comté, les formalités de la Cou» tume & de l'Ordonnance observées en pareil cas, tu aies, sous la main » dudit Seigneur Comte de . . . . . . à procéder par voie de saisie féodale » sur tous & chacun les héritages nobles & roturiers, mouvans & relevans » de la directe Seigneurie de ce Comté, itératif commandement préalable» ment fait, tant aux vassaux & censitaires, tenanciers, emphytéotes, qui » seront en retard ou refusans de donner par déclaration, payer les cens & » rentes, droits & devoirs seigneuriaux & féodaux, faire & porter foi & » hommage, aveu & dénombrement de leurs fiefs & terre en roture, la » main du Roi suffisamment garnie quant aux choses tenues noblement, » & à ladite saisie y établir bons & suffisans Commissaires pour le régime » & gouvernement des biens saisis, & procéder sur le tout ainsi que de » raison. Fait & donné par nous Bailli & Commissaire subdélégué susdit, » le . . . . . . *Signé*, & scellé ».

II.2. Ledit Auteur, page 189. " La Commission générale est annuelle : » il faudra en prendre une nouvelle, au cas que le Terrier ne soit pas fini » dans l'année de sa date ».

III.1. Exploit de saisie féodale en vertu de commission générale, tiré d'une copie imprimée de saisie du fief de Marquoy, du 15 Juin 1648, qui est au chartrier d'Onzain, contenant en tête la copie de la Commission générale de saisie sur la Requête du Procureur Fiscal.

L'an . . . . le . . . . jour du mois d . . . . en vertu de la Commission dont copie est ci-dessus écrite, & à la Requête du Procureur Fiscal du Comté . . . . . Exposant y nommé, qui a élu domicile en sa maison sise à . . . . Paroisse de . . . . . pour y recevoir tous exploits de Justice pour le fait dont il s'agit : je me suis, Sergent audit Comté soussigné, exprès transporté avec mes témoins ci-après nommés, de . . . . . lieu de ma demeure, jusqu'en & sur le Fief, Terre & Seigneurie de . . . . . sur lequel étant, j'ai de par Monseigneur, les fonds & fruits y étant de présent pendans par les racines, procédé par saisie, & mis en la main de mondit Seigneur & sa Justice, sur, & comme appartenans aux Propriétaires & Détenteurs

teurs dudit lieu, fief & héritage, & ce par faute de foi non faite, aveux & dénombremens non baillés, profits féodaux, cens, rentes, faîtages, terrage, profits de lods & ventes, défauts & amendes, & autres droits dus à cause des héritages, non payés à mondit Seigneur à cause de sondit Châtel & Seigneurie de . . . . en signe de laquelle saisie, j'ai sur ledit lieu, fief & Seigneurie, fruits y étant, de présent pendans par les racines, mis & exposé les brandons & marques de Justice apparens, à ce que nul n'en ignore, & au régime & gouvernement des choses saisies établi Commissaires les personnes de . . . . demeurans . . . . . . auxquels j'ai enjoint de par mondit Seigneur, bien & fidelément vaquer au fait & charge de leur commission, faire procéder suivant elle pardevant M. le Bailli dudit Comté de . . . . . ou M. son Lieutenant, à la vente des fruits saisis, & au bail judiciaire des fonds, en rendre bon compte & *reliquat*, quand il en sera requis, sauf ses salaires & vacations raisonnables. Fait en présence de . . . . .

Et ledit jour . . . . . audit an, par vertu de la Commission ci-dessus, & à la Requête du Procureur Fiscal dudit Comté . . . Exposant y nommé, & en continuant la susdite saisie, j'ai Sergent susdit & soussigné, lesdites saisie, établissement de Commissaire, élection de domicile, & tout ce que dessus duement signifié, notifié, fait à savoir, & du tout baillé copie audit saisi, audit lieu, parlant à . . . . . à ce qu'il n'en ignore, en présence de . . . . . . les jour & an que dessus; l'original est signé desdits . . . . . . & de nous, &c.

Ce protocole paroît fort bon. Le tout est imprimé fort fin, & ne tient que le *recto* d'un petit *in-folio*.

III.2. La saisie féodale doit être renouvellée tous les ans, ou tous les trois ans, suivant les Coutumes qui l'ordonnent.

IV. Quoiqu'il soit dur de saisir sans avoir préalablement fait injonction au vassal de fournir foi & hommage ou aveu, la saisie cependant ne seroit pas déclarée nulle: la Loi avertit suffisamment le vassal.

V. Quand le vassal a été reçu en foi, on ne peut plus saisir féodalement pour les profits échus; mais un Seigneur qui entre, peut saisir pour raison de tous ceux qui sont dus par mutation de vassal non suivie de foi.

VI. Pour parvenir à la vente des fruits saisis, il s'en fait trois différentes criées: leurs formalités sont prescrites par les Coutumes, & il faut se conformer à leurs dispositions. Ces formalités sont fort détaillées dans la Coutume de Blois, articles 271, 272, 273, 274, 275.

VII. Quand le Seigneur saisissant veut jouir des fruits, il faut le faire ordonner contre le Commiſſaire à la ſaiſie-réelle. Le 16 Juin 1735, ſaiſie féodale du Comté de . . . . par la Chambre des Comptes de Blois, faute d'aveu, ſur M. le Comte de . . . . La Chambre, le 11 Juillet 1737, à la Requête du Receveur-Général du Domaine, ordonne que le Commiſſaire établi à ladite ſaiſie, ſeroit aſſigné pour compter de ſa Commiſſion, & cependant, par proviſion, condamné par corps à remettre audit Receveur la ſomme de 12000 liv. à valoir ſur les revenus de ladite Terre, dont lui ſera tenu compte ſur le *reliquat.* Cet Arrêt fut ſignifié le 26 Juillet 1737 audit Commiſſaire.

VIII. Il y a peu de Coutumes qui n'aient réglé à l'égard des ſaiſies féodales, par qui la commiſſion de ſaiſir doit être délivrée, pour quelles cauſes elle peut être faite, la ſignification qu'il en faut faire au Propriétaire, les affiches de ladite ſaiſie, la commiſſion confortative de ſaiſie, la durée de la ſaiſie faute d'homme, ou faute d'aveu, la vente des fruits, dans le cas d'oppoſition pour combat de fief à qui appartient la jouiſſance proviſoire, le cas d'oppoſition par le vaſſal qui déſavoue ſon Seigneur; ou s'il ne le déſavoue pas, quand la ſaiſie emporte perte de fruits, ſi elle l'emporte en cas de défaut de paiement des droits, quels ſont les fruits que le Seigneur peut prendre? *Quid*, s'ils ſont coupés lórs de l'offre de devoirs & droits par le vaſſal? *Quid*, faute d'aveu; ſi la ſouffrance empêche la ſaiſie; ſi la ſaiſie a lieu ſur les arrieres-fiefs; ſi elle a lieu à défaut de paiement de roncin de ſervice; ſi le vaſſal peut s'y oppoſer par complainte, &c.

CHAPITRE CINQUIEME.

Exhibition & extraits des Titres des Vassaux & Censitaires ; réception de leurs foi & hommage, aveu, dénombrement & déclarations. Vérification ou blâme d'iceux. Paiement des profits échus.

ARTICLE I.

Exhibition & extraits des Titres des Vassaux & Censitaires.

I. 1 EN toutes matieres sommaires, le ministere des Procureurs n'est point nécessaire, les vassaux & censitaires peuvent présenter eux-mêmes leurs titres, & faire par eux-mêmes devant les Notaires désignés, les actes qui leur sont demandés, tels qu'aveux & déclarations. Cela est conforme à l'Ordonnance de 1667, tit. 17, des Matieres sommaires, art. 16, & au titre 14 des Contestations en cause, art. 14 & 15.

I.2. Les vassaux ou censitaires peuvent exiger des reconnoissances des titres qu'ils exhibent; I.3. mais en ce cas il faut être fort attentif à retirer ces reconnoissances, lorsqu'on leur rend leurs titres, après avoir vérifié ou blâmé leurs actes.

II.1. On ne peut s'exempter de faire venir les vassaux deux fois; l'une pour exhiber leurs titres, l'autre pour souscrire les déclarations qui auront été dressées d'après les connoissances qu'on aura pu réunir à l'examen de leurs titres, soit par leurs déclarations verbales, relevés d'arpentage, extraits des registres du centieme denier, &c. Cela sera détaillé par la suite. Mais il faut tâcher de ne les pas faire revenir plus de deux fois. Il seroit donc trop tard de ne leur faire faire leur déclaration que quand ils reviendroient après l'examen des titres, cela pourroit occasionner plusieurs corrections qui seroient longues, & il faut tâcher de ne point trop arrêter des gens de la Campagne, souvent nécessaires à leurs travaux. Il faut donc dès le moment qu'ils apportent leurs titres, leur faire faire des déclarations verbales les plus détaillées qu'il sera possible, sauf l'examen de toutes les pieces qu'on se réserve de voir pour la vérification de ces déclarations verbales. Il faut savoir d'eux la consistance & qualité des biens & héritages, les nouveaux tenans & abutans, les censives & les redevances dont ils sont chargés, à quels titres ils sont possédés, soit par succession, donation, acquisition, échange, partage, ou autrement; si les biens ont changé de nature, de façon qu'ils soient connus sous une dénomination différente; si les clos ont eu anciennement d'autres noms; si les bornes & limites sont les mêmes qu'autrefois, & si elles ont changé, à quel sujet & pour quelle cause; si leurs héritages sont au milieu de la Paroisse, ou s'ils en forment les limites; si eux ou leurs auteurs ont fait ou détruit quelque édifice dans lesdits héritages; s'il y a eu nouveaux chemins par abattement & défrichement de bois, ou autres changemens quelconques.

II.2. Toutes ces notes fournies par les censitaires doivent être toutes portées sur le relevé d'arpentage par noms de vassaux, à côté de chacun article dudit relevé qui aura été déclaré par le censitaire: on mettra ces mots *Décl. verb.* qui veulent dire que le censitaire a reconnu par déclaration verbale. Si dans les articles qu'il déclare, il s'en trouve quelqu'un non compris au relevé d'arpentage, on ajoute: sauf vérification. Ces articles ajoutés ne feront point d'ombrage dans le relevé d'arpentage, on les distinguera bien des autres, parce qu'ils manqueront de cottes du plan. Il faudra en bien prendre les joignans, & tâcher même en leur présence d'en trouver la position sur les cartes. Cette portion de terrain prétendue par le censitaire, aura été mise sur la feuille d'un autre censitaire; il faut en avertir sur ladite feuille de cet autre censitaire. Si au contraire le censitaire qui exhibe ne déclare pas tous les articles contenus dans la feuille du relevé d'arpentage qui le concerne, il faut alors lui demander s'il ne possede pas ces articles; s'il ne les possede pas, il faut qu'il en indique le Propriétaire; s'il ne le connoît pas, il faut tâcher de le trouver par l'un des tenans & abutans de cet héritage mal désigné par les Indicateurs, & méconnu par le censitaire à qui ils l'avoient attribué.

III. Les vassaux ne peuvent venir avec des actes tout dressés sur papier timbré, contrôlés & signés, comme étant les pieces originales qu'ils doivent fournir sauf le blâme; il faut que ce soit le Notaire de la Seigneurie qui fasse leurs aveux, & ils ne peuvent que donner un projet d'aveu sur simple papier. Mais il faut que ce projet soit signé d'eux: s'il faut le blâmer, on le fera contrôler, nul acte ne pouvant être présenté en Justice sans cette formalité. Il faut les prévenir de cela lors de leur réception à foi & hommage, afin de leur éviter des démarches inutiles.

IV. Les censitaires n'ont pas beaucoup de titres, un partage ou un contrat d'acquet forme souvent toute la preuve de leur possession; s'ils en ont davantage, ils le cachent pour éviter le paiement des profits. On verra par la suite, même Chapitre, Art. III. N°. II.1. & suivans, quel remede le Seigneur peut apporter à ce récelé de titres. Suivant les Lettres de Terrier, ils devroient se purger par serment de la vérité d'iceux, & par conséquent aussi de l'intégralité de leur exhibition. Mais leur serment à cet égard est de si petite considération, qu'il ne faut pas l'exiger, mais se faire rigoureusement payer des droits échus par ceux qui seront découverts par la voie qui sera ci-après déclarée en la susdite citation. Quoiqu'en petit nombre, il faut prendre note de ces actes exhibés par les censitaires, & la porter sur le relevé d'arpentage par noms de censitaires & de vassaux. On peut même reporter ces connoissances sur les extraits des titres de la Seigneurie qui sont rangés alphabétiquement par noms de clos. Si le nom du clos avoit changé, ou que le clos étant considérable, eût jetté un trop grand nombre de feuilles pour faire la recherche de celle où le titre présenté par le censitaire doit être noté, on retrouveroit par les bulletins des noms des censitaires, les noms de ceux qui ont possédé avant lui cette même partie du clos, & par ces bulletins on seroit renvoyé à la feuille même du clos sur laquelle on a fait l'extrait de leur déclaration, & on y fait mention de ce qui a été connu par le titre exhibé par le censitaire.

IV.1. L'extrait des titres de propriété des vassaux sert à faire connoître les diverſes mutations qui ſont arrivées dans le fief, cela donne la filiation des vaſſaux.

IV.1.2. Lorſque le vaſſal acquiert le fief, le précédent vaſſal ne manque pas de faire inſérer dans le contrat d'acquiſition, les deſcription & inventaire des titres qu'il a remis, afin qu'on ne puiſſe les lui redemander par la ſuite. Il faut donc fort exactement prendre note de ces titres, parce qu'en cas de conteſtation faite au Seigneur, il force ſes vaſſaux à exhiber les titres que par ces contrats il a connu être en leur poſſeſſion.

IV.2. En voyant par ces titres la filiation des vaſſaux, on apprend quelle eſpece de profits ſont dus au Seigneur par vente ou ſucceſſion arrivées dans ce fief. Voyez *infrà*, même Chapitre, Article II, Section II, N°. I.2. Comment la vue des titres remédie aux preſcriptions que les cenſitaires voudroient oppoſer pour ne point reconnoître les rentes dont ils ſont redevables.

IV.3. La filiation des vaſſaux ſe porte ſur les feuilles qui contiennent les extraits qui ont été faits de leurs fiefs. Elle ſe reporte auſſi ſur le relevé d'arpentage par noms de vaſſaux & cenſitaires, pour y ſervir d'avertiſſement ſur les profits échus à cauſe de ces mutations.

IV.4. Dans le cas où ils doivent rendre nouvel aveu, il faut outre leurs titres de propriété, qu'ils rapportent les actes féodaux de leur mouvance, aveux & dénombremens de leurs vaſſaux, déclarations de leurs cenſitaires. (Voyez dans quel cas ils doivent rendre ce nouvel aveu, même Chapitre, Art. II, Sect. I, N°. III.1.1.). Et à cet égard il y a peu d'extraits à faire de ces actes, ils ne ſervent que de preuves juſtificatives de la vérité de l'aveu. (Voyez *ibid.* N°. I.). Cependant, ſi on y faiſoit quelque découverte importante ſur la nature ou l'étendue d'un arriere-fief ou d'un arriere-cenſif, il ſeroit bon d'en prendre note.

V. Il eſt bon de prendre des copies collationnées des titres produits par les vaſſaux & cenſitaires, quand ces titres peuvent établir les confins de la Seigneurie.

ARTICLE II.

Réception des foi & hommage, aveux & dénombremens, & déclarations. Vérification ou blâme d'iceux.

SECTION I.

Réception des foi & hommage, aveux & dénombremens. Vérification ou blâme d'iceux.

I.1. *Des pieces justificatives de l'aveu, & si elles doivent être énoncées.*

I.2. *De l'étendue que les vassaux doivent donner au détail de leurs aveux.*

I.3. *Intérêt qu'ont les Seigneurs-Vassaux de donner exactement leur Domaine par joignans.*

I.4.1. *Des droits dus au Notaire qui reçoit l'aveu.*

I.4.2. *S'il faut forcer les vassaux à faire dresser leurs aveux par le Notaire commis pour les recevoir.*

I.5. *Si toutes les foi & hommages faites par Procureurs doivent être fondées en exoines.*

II. *Protocole des actes.*

II.1. *Protocole des actes de foi.*

II.2. *Protocole des aveux.*

II.3. *Protocole pour les hommes vivans & mourans des Gens de main-morte.*

III. *Causes de blâme des actes de foi & hommages, aveux & dénombremens.*

III.1. *Causes de blâme d'actes de foi & hommage tirées d'un blâme fait le 9 Décembre 1730.*

III.2.1. *Si on peut blâmer un aveu parce qu'il seroit en tout conforme à d'anciens aveux.*

III.2.2. Quid, *si le Domaine étoit moderne?*

III.3.1. Quid, *si l'énonciation de l'aveu n'est point conforme à l'arpentage?*

III.3.2. *Comment on connoît la différence d'un aveu avec l'arpentage.*

III.3.3. *Vérification de l'arpentage en cas de contestation.*

III.4. *Ne point laisser entamer dans l'aveu le Domaine du Seigneur.*

III.5. *N'y point laisser entamer la censive du Seigneur.*

III.6. *Ne point laisser empiéter un vassal sur l'autre.*

III.7. *Ne point admettre l'aveu d'un terrain plus considérable aux dépens du Seigneur voisin.*

III.8. *Ne point admettre l'aveu d'un terrain moindre que celui porté ès anciens aveux.*

III.9.1. *Blâmer s'il y a moins de Domaine que dans l'aveu précédent.*

I.1. Voyez sur ce N°. le Chapitre suivant, N°. V. Ce qui y est dit des aveux du Seigneur à ses suzerains doit être observé dans les aveux des vassaux audit Seigneur.

I.2. Voyez sur ce N°. le Chapitre suivant, N°. IV. Les vassaux doivent faire tout ce que le Seigneur est obligé de faire à l'égard du suzerain.

I.3. Ce qui intéresse le Seigneur à l'égard de son Domaine dans son propre aveu, intéresse les vassaux dans celui qu'ils rendent au Seigneur.

I.4.[1] Voyez le tarif ci-dessus, Chap. IV. Art. II.

I.4.[2] Il est utile de tenir la main autant qu'il est possible à ce que tous ces actes soient faits par le même Notaire, pour que la même forme y soit observée. Mais il y a à l'égard des aveux une formalité beaucoup plus intéressante, qui fait qu'on doit quelquefois passer aux vassaux la nécessité de faire dresser leurs actes par le Notaire commis. Cette formalité est la signature du vassal; elle doit se trouver sur l'acte même qui est présenté au Seigneur. Or, quelquefois le vassal ne peut se transporter lui-même pour faire cette signature. Il ne faut pas non plus qu'il donne procuration pour signer l'aveu, c'est une piece trop intéressante pour le vassal & pour le Seigneur, il ne faut point y admettre une main étrangere; le vassal doit avoir une pleine connoissance de tout ce qu'il avoue à son Seigneur, il ne doit s'en rapporter à personne pour le contenu en son aveu, il le doit voir après qu'il est dressé, & le Seigneur doit y trouver la signature de son vassal en personne. En cas donc d'impossibilité de transport du vassal, il faut que le Seigneur lui donne permission de faire dresser son aveu dans le lieu de sa résidence. Mais cette permission doit être rare; il est bon que le vassal vienne lui-même présenter son aveu, & entendre les difficultés qu'on a à proposer contre les différentes parties qui le composent, & qui pourroient devenir des sources de blâme. Il peut, pour abréger le tems de sa résidence auprès du Seigneur, apporter son acte tout dressé, laissant en blanc les clauses de style, le nom du Notaire, la date de l'acte,

pour

pour le tout être rempli par le Notaire à ce commis, qui recevra la signature du vassal après vérification de l'aveu.

I.5. Si le Seigneur ne veut donner souffrance ni recevoir la foi par procuration, il faut que le vassal se présente en personne ou qu'il ait quelqu'exoine valable à proposer. Cependant, on ne tient pas aujourd'hui ce principe à rigueur : il n'y a gueres que la pique entre Seigneurs ou un esprit de domination qui exige la personne d'un vassal qui ne se présente pas de lui-même. Si le Seigneur exige l'actuelle présence de son vassal, & que le vassal ne puisse venir, il faut qu'il fournisse exoine & qu'il demande souffrance; sans cela il n'est pas nécessaire que les actes de foi par procuration soient munis d'exoines. Le Roi, par ses Lettres-Patentes de 1735, a admis que les vassaux distans de cinq lieues de l'endroit où ils lui doivent la foi, pourront sans autre raison la lui rendre par Procureur.

II. Il est très-bon de se faire un protocole qu'on suit dans tous les actes. L'uniformité qui en résulte rend la recherche des différens objets dans ces actes extrêmement facile; car l'arrangement au fond n'étant pas essentiel, pourvu que toutes les parties qui doivent composer l'acte s'y trouvent, on pourroit commencer tantôt par l'une, tantôt par l'autre : il est beaucoup plus commode de chercher dans des pieces qui ont toutes le même ordre. Quoiqu'on ait dit que l'arrangement n'est pas essentiel, il fait cependant grand plaisir, & il y a bien de la différence entre un acte qui va & revient sur ses pas, & un autre où tous ces objets sont présentés dans l'ordre où ils se sont passés, ou dans lequel ils ont dû se passer. Un protocole, d'ailleurs, donne bien plus de certitude de ne rien omettre.

II.1. II.2. II.3. Voyez les protocoles ci-après. Pour les Gens de mainmorte, ils ne peuvent rendre foi & hommage par eux-mêmes; tout Religieux est hors de la société, & réputé *capite minutus*; il faut qu'ils constituent Procureur. Ce Procureur doit être un homme dont la mort donne ouverture au fief, afin de faire naître des profits pour le Seigneur. Voyez ci-après une élection d'homme vivant & mourant timbrée, II.3.

II.1. *Protocole des foi & hommages.*

Le Seigneur présent.	*Le Seigneur absent.*	
A tous ceux qui ces présentes Lettres verront, N. . . . . Avocat en Parlement, Bailli & Juge ordinaire du Comté de Rostaing, salut : savoir	*idem.*	Adresse de l'acte.

	Le Seigneur présent.	*Le Seigneur absent.*
Date de l'acte.	faisons qu'aujourd'hui le	*Idem.*
Nom du Notaire.	pardevant nous N. . . . . . Notaire du	*Idem.*
	Comté de Rostaing, (*Si c'est dans le tems de la rénovation, il faut ajouter*). commis par la Sentence de M. . . . . du . . . . jour de . . . pour, &c. . .)	
Noms & qualités du vassal.	résident à . . . . fut présent N. . . . Seigneur de . . . demeurant à . . .	*Idem.*
Qualités du rendant foi & hommage à l'égard dudit acte.	Paroisse de . . . . en personne, (*ou*) comme fondé de procuration à lui donnée par . . . . passée chez . . . le . . . . contrôlée le . . . . . (*ou*) comme tuteur & curateur de . . . . (*ou*) à cause de sa femme . . . . &c.	*Idem.*
Réquisition par le vassal, & transport des Notaires, vassal, & témoins au Château.	Lequel en ladite qualité nous a requis de nous transporter avec les témoins ci-après nommés, au Château d'Onzain, pour l'y assister en la foi qu'il entendoit faire au Seigneur Comte de Rostaing, & à l'instant l'avons accompagné avec lesdits témoins:	*Idem.*
Perquisition ou appel du Seigneur.	& arrivés audit Château d'Onzain avons trouvé le sieur . . . . . Concierge, à qui ledit sieur . . . a demandé si . . . Comte de Rostaing étoit en son Château.	*Idem.*
Le vassal expose la cause de sa venue.	Et a dit qu'il venoit exprès pour lui faire & porter foi & hommage, & prêter serment de fidélité.	*Idem.*
Il fait ou offre la foi.	De quoi ledit sieur Concierge ayant averti ledit Seigneur Comte de Rostaing, il a paru, & ledit sieur . . . en présentant la bouche & les mains, a fait & porté la foi & hommage.	A quoi ledit sieur . . . Concierge a répondu que mondit Seigneur Comte de Rostaing n'est point en son Château, ni autre pour lui, chargé de recevoir ses vassaux en foi & hommage; mais qu'en lui fournissant la grosse de l'acte de foi qui seroit par nous délivrée audit sieur . . . . il le fera savoir audit Seigneur Comte de Rostaing. Après

Le Seigneur présent.	*Le Seigneur absent.*	
	laquelle réponse ledit sieur . . . a déclaré qu'il fait & porte audit Seigneur Comte de Rostaing la foi & hommage	
qu'il doit à mondit Seigneur pour raison de . . .	*Idem.*	Le nom du fief.
mouvant de son Comté de Rostaing à cause de son Comté de Bury (*ou*) Comté d'Onzain (*ou*) de sa Châtellenie de Blemard, (ou autres lieux).	*Idem.*	Mouvance du fief.
	Laquelle foi & hommage ledit sieur . . . . fondé de procuration, promet au nom dudit sieur . . . . vassal, réitérer en personne si ledit Seigneur ne veut se contenter de celle faite par lui présent fondé de procuration.	En l'absence il offre de réitérer.
Appartenant ledit fief audit sieur . . . vassal, en vertu de . . . . (testament, donation, acquisition, échange, &c. du tel jour).	*Idem.*	Titres de propriété.
offrant payer les profits & droits seigneuriaux qu'il peut devoir conformément aux susdits titres de propriété que ledit vassal a exhibés.	*Idem.*	Offres de profit.
Et a promis fournir son aveu & dénombrement dans le tems porté par la Coutume.	*Idem.*	Promet l'aveu.
Et remettre à mondit Seigneur grosse des Présentes dans la huitaine.	*Idem.*	Et la grosse du présent acte.
Auxquelles foi & hommage ledit Seigneur Comte de Rostaing a reçu ledit S. . . .		Est reçu à foi.
à la charge de rendre aveu & dénombrement dans les délais prescrits par la Coutume.		A la charge de l'aveu.
Et a ledit Seigneur Comte de Rostaing, reconnu avoir été payé par ledit sieur . . . . des profits de (rachat ou quint) par lui dus.		Quittance des profits.
Dont & de tout ce que dessus, a ledit sieur . . .	*Idem.*	Clauses de style.

Le Seigneur présent.	*Le Seigneur absent.*
requis acte, lequel nous lui avons accordé en présence de . . . . demeurant à . . . . . qui ont signé. Et a ledit sieur . . . . . signé avec nous lesdits jour & an que dessus.	
Suit la teneur de la procuration.	*Idem.*

Si c'est par procuration que la foi a été faite.

II.2. *Protocole d'aveu & dénombrement.*

Intitulé. Date. Nom du Notaire. Noms, qualités & demeure de l'avouant. Qualités de l'avouant à l'égard de l'acte. Rappelle sa foi & hommage & les charges générales.

A tous ceux qui ces présentes. . . . . Salut : savoir faisons qu'aujourd'hui le. . . . . . pardevant N. . . . Notaire du Comté de Rostaing. . . . . résident à . . . . fut présent N. . . . . demeurant à . . . . Paroisse de . . . . . . en personne (*ou*) fondé de procuration à lui donnée par . . . . passée chez . . . . le . . . contrôlée le . . . . (*ou*) comme tuteur & curateur de . . . . . . (*ou*) à cause de . . . . . . sa femme. Lequel en ladite qualité a reconnu & déclaré tenir directement à foi & hommage, serment de fidélité, quint, requint, rachat, ronçin de service, un mois de garde au Château de. . . . quand le cas y échet, & à autres droits & devoirs, suivant la Coutume de Blois, par acte du . . . . déclare & avoue tenir directement auxdites charges de N. . . . . . Seigneur Comte de Rostaing à cause de son Comté de Bury (*ou*) Comté d'Onzain (*ou*) Seigneurie de Moulineuf, (ou autres lieux), le Lieu, Terre & Seigneurie de MOULINS, circonstances & dépendances, situé en la Paroisse de . . . . C'est à savoir :

Noms & qualités du Seigneur. Mouvance du fief. Nom du fief.

A. Domaine du fief.

Premierement, la Maison Seigneuriale, Chapelle, cour, portique servant d'entrée avec créneaux sur les murailles, basse-cour, écurie, cellier, pressoir, & jardin ; une grande fuie à pigeons, un grand parc autour desdits bâtimens, jardins, la meilleure partie dudit parc plantée en vignes ; le tout contenant 4 arpens.

Plus, une piece de terre labourable, jadis en sainfoin, contenant trois arpens, joignant d'aval à . . . . . . d'amont à . . . . de galerne à . . . . & de solerre à . . . . .

&c.

B. Ses vassaux.

Suivent les vassaux relevans de sadite Terre & Seigneurie de Moulins, en fief, foi & hommage, serment de fidélité, quint, requint, rachat, ronçin de service, & tous autres droits & devoirs suivant la Coutume du Bailliage de . . . . & tenus en arriere-fief dudit Seigneur à cause de sondit Comté, Terre & Seigneurie de Rostaing.

En premier lieu, Messire . . . . . pour raison de son Château, Terre & Seigneurie de *la Vrilliere*, sis Paroisse de . . . . . circonstances & dépendances, pour ce qui en releve de ladite Terre & Seigneurie de Moulins, à ladite foi & hommage, & autres devoirs, consistant en bâtimens, cour, &c. B.

(*On décrit de suite le Domaine de cet arriere-fief, ses vassaux & censif s'il en a, ainsi qu'il suit*).

Et releve dudit fief de la Vrilliere, & en second arriere-fief dudit Seigneur Comte de Rostaing, le nommé . . . . . pour raison de son lieu & métairie de *Launoy* sis Paroisse de . . . . ainsi qu'il suit. C. Son arriere-vassal.

Premiérement, &c.

Item. Un censif à cherprix en ventes & reliefs rendus audit lieu de Launay, le jour de . . . . . montant à la somme de . . . . . due par les Particuliers ci-après nommés. D.

Premiérement Louis Turpin pour un arpent de vigne joignant, &c. . . . pour ce doit quatre deniers.

&c.

Item. Le censif dudit lieu de la Vrilliere, montant à la somme de . . . . payable au jour de . . . . . . par les ci-dessous nommés. E.

Dans le clos de la Bouquiniere, les sieurs de Saint-Sauveur pour une métairie appellée la Bouquiniere, &c.

Plus un arpent de terre audit lieu, &c.

Plus un demi-arpent de vigne audit lieu, &c.

Dans le clos de Chailles, Pierre Lambert pour un quartier de vigne, &c.

Item. Releve de ladite Seigneurie de Moulins auxdits foi & hommage & devoirs que dessus le nommé . . . . . . pour son lieu & métairie de la *Garbotiere* consistant en maison, &c. F.

Plus une piece de terre, &c.

Plus un censif, &c. (s'il en a).

Item. Les censifs de Prunay, Chantecocq & la Rimbodiere, dépendans de ladite Seigneurie de Moulins. G. Son censif.

Et premiérement le censif de Prunay, dans la Paroisse de . . . . . . payable audit lieu de Moulins, le jour de . . . . ainsi qu'il est ci-après détaillé.

Clos des Bergeries.

La Dame de Villaire pour trois quartiers de vigne, joignans d'amont, . . . doit pour ce trois deniers.

Pierre Marquin pour cinq boisselées de terre, &c.

Clos des Isles.

Jean Courtin pour un arpent de pré, &c.

(*Ainsi des autres censifs*).

Toutes lesquelles choses ci-dessus déclarées ledit sieur avouant confesse & avoue tenir dudit Seigneur Comte de Rostaing aux susdites charges, & déclare être tout ce qu'il connoît être de sadite mouvance; lui promettant, en cas d'omission, faire emploi au présent aveu de tout ce qu'il viendra à sa connoissance devoir y être compris. Car ainsi le tout a été dit & convenu. Prom. obl. ren. Fait & passé audit Onzain, en présence de.... lesquels ont signé; & a ledit vassal signé avec nous. La minute est signée (*tous ceux qui ont signé*) Et plus bas contrôlé à..... au cinquieme registre, fol. 41, le .... reçu quarante sols.

On voit que l'ordre de ce protocole est que le vassal déclare d'abord son domaine A. ensuite un de ses vassaux nobles B. & si ce vassal noble a des vassaux nobles, il les déclare C. avec leurs censifs D. ensuite il déclare les censitaires de son vassal immédiat, afin de ne point morceler le détail de ce fief E. Il déclare un autre de ses vassaux nobles, & les censitaires, s'il en a F. Quand l'avouant a ainsi déclaré tous ses vassaux nobles & leurs censitaires, il dénombre aussi ses propres censitaires G. Au moyen de cet arrangement, on évitera toute confusion dans les fiefs, & on répondra à la netteté des extraits qui en ont été faits, Partie I. Chap. II. Art. III. N°. IV.

II.3. *Nomination d'homme vivant & mourant, par les Minimes de Blois, le 26 Avril 1706.*

Pardevant .... furent présens en leurs personnes les Revérends Peres Minimes du Couvent de .... assemblés en leur Chapitre en la maniere accoutumée, où étoient .... tous Prêtres Religieux dudit Couvent, faisant & représentant la plus grande & saine partie d'iceux, lesquels ont reconnu que dudit Couvent dépendent quatre censifs appellés les censifs de Villebresme assis en la Paroisse de Villebaron, ainsi qu'ils s'étendent, poursuivent & comportent sur plusieurs héritages sujets à iceux, relevans en fief, foi & hommage de ...... Comte de Rostaing; & d'autant que lesdits quatre censifs sont en main-morte, lesdits Peres Minimes ont nommé pour homme vivant & mourant à mondit Seigneur Comte de Rostaing la personne de ...... âgé de 18 à 19 ans, fils de .... ci-présent & acceptant, au décès duquel sera dû & payé à mondit Seigneur ou à ses ayans-cause le profit de rachat tel qu'il est dû, & comme il a été payé par le passé; & pour faire ladite foi & hommage, lesdits Peres Minimes ont fait & constitué leur Procureur ledit . . . . . auquel ils ont donné pouvoir de ce faire, & d'en requérir acte. Fait & passé audit Chapitre ès présence de . . . . . témoins, le . . . . . La minute des Présentes est signée desdites Parties, Témoins, & Notaire; & contrôlée. . . .

III. Les causes de blâme peuvent être en aussi grand nombre qu'il y a de formalités omises de la part du vassal dans ses actes de foi ou aveu.

III.1. On va donner celles fournies dans l'acte du 9 Décembre 1730, pour qu'on ait une idée de ces blâmes. L'acte de foi avoit été fourni sur un parchemin écrit & raturé. Il avoit été fait par Procureur, & ne contenoit pas les offres de réitérer en personne, si le Seigneur ne vouloit se contenter de celle faite par Procureur. En l'absence du Seigneur, on n'avoit point fourni les titres en vertu desquels le vassal jouissoit, pour justifier de la suffisance de l'offre des droits seigneuriaux.

Les énonciations de mouvance étoient fausses. On avoit omis les qualités du Seigneur suzerain. L'acte n'étoit pas pur & simple, mais contenoit des reproches contre le suzerain.

III.2.1· Le Seigneur peut exiger que le détail de la féodalité & du censif de ce fief soit conforme à la situation actuelle de l'un & de l'autre; c'est son droit. Mais, non-seulement il le peut, il doit même l'exiger tous les cinquante ans au moins. Sans cela, il seroit exposé à un grand inconvénient. Les vassaux qui en seroient quittes pour fournir la copie d'un ancien aveu, seroient souvent négligens de se faire servir par leurs vassaux, pour se mettre en état de fournir l'état actuel du fief. Cette négligence occasionneroit des prescriptions de mouvance de la part des Seigneurs voisins. (Voyez Notions préliminaires sur la Féodalilé, N°. V.2.1·) Les vassaux de ce fief souffriroient pendant quelques tems que le Seigneur exigeât d'eux la reconnoissance de la même quantité d'arpens contenus dans cet ancien aveu. Mais enfin, ils se plaindroient de cette exaction qui les exposeroit à des droits plus considérables que n'en doit porter un fief dont les mouvances seroient diminuées par la prescription. Ils se pourvoiroient devant le Juge pour faire procéder à l'arpentage. L'étendue actuelle du fief entre les mains d'un vassal acquéreur, se trouveroit n'être plus la même, & le Seigneur qui auroit été trop long-tems à ne demander que la souscription de cet ancien aveu, pourroit très-bien avoir perdu la trace des tenans & abutans de son ancien aveu qu'il ne pourroit plus retrouver sur le terrain du fief du vassal. Il seroit alors obligé de se départir de cet ancien aveu, & de voir sa mouvance réduite à l'état actuel du fief. Un Seigneur qui recevroit donc de ses vassaux des aveux toujours conformes aux anciens, s'exposeroit à une diminution notable de mouvance. Par conséquent, il faut de tems en tems exiger de nouveaux aveux conformes à la situation actuelle des fiefs, mais il ne faut pas le faire plus fréquemment qu'il n'a été dit, tous les cinquante ans; c'est une grosse charge pour les vassaux que ces redditions d'aveux nouveaux, qui reflue aussi sur les arrieres-vassaux. Les Loix des fiefs sont toutes favorables au Seigneur; mais il faut en user avec ménagement, & c'est une injustice de le faire quand il n'y a pas nécessité. Or, dans un si court espace de tems, on ne peut trouver aucune utilité. La seule chose à craindre, ainsi qu'il a été dit, est la disparité devenue trop considérable entre un aveu & le terrain du fief, ce qui ne peut arriver qu'à la longue, & ne peut pas avoir lieu tant que le terrain circonscrit par les tenans immuables de l'aveu, peut être reconnu. Si d'ailleurs le Seigneur a toujours fait souscrire l'ancien aveu à toutes les mutations arrivées pendant les cinquante années, il n'y a point de prescription à craindre, la possession du Seigneur a été par cette souscription continuée imperturbablement. Quand le tems des cinquante années est passé, & qu'on demande un nouvel aveu, il faut avoir soin de s'en faire représenter les pieces justificatives, qui sont les aveux des vassaux du vassal avouant, & les déclarations de ses censitaires. Sans cela on seroit exposé à la mauvaise foi du vassal qui pourroit, en se conformant pour la quantité des terres, à la teneur de l'ancien aveu, donner des joignans tels qu'il jugeroit à propos, qui seroient tout à fait inutiles pour établir la vraie consistance actuelle du fief, nécessaire pour arrêter la prescription.

III.2.². A l'égard du Domaine, il est évident qu'il est intéressant pour le Seigneur qu'il soit déclaré tel qu'il est au moment de l'aveu. Il faut que le Seigneur le connoisse bien pour pouvoir en jouir à défaut d'homme ou en cas de rachat, & une déclaration d'ancien Domaine lui seroit assez inutile. Il est donc bon d'en demander une nouvelle à chaque mutation, s'il y a vingt ans de distance.

III.3.¹. On a déja remarqué que dans l'intérieur des Paroisses du Seigneur (qu'il a fait arpenter pour en avoir une pleine connoissance) il y a plusieurs fiefs mouvans de la Seigneurie : si les aveux qui en sont fournis donnoient plus ou moins d'étendue aux Domaines, fiefs ou censifs de ses vassaux, qu'il ne leur en est attribué par l'arpentage, il faudroit que le vassal justifiât de l'étendue plus grande de l'étendue de son fief qu'il n'est porté en l'arpentage.

III.3.². Ce

III.3.2. Ce seroit un ouvrage immense d'aller pour chacun de ces vassaux feuilleter le relevé de l'arpentage par clos; leurs aveux n'étant pas dressés dans le même ordre que ce relevé par clos dans lequel on a suivi le circuit de chaque Paroisse, il faut donc faire de ce relevé d'arpentage par clos, un extrait par noms de vassaux; c'est ce qui a été dit, & la forme en a été donnée même Partie, Chap. III. N°. III.2.2. On a placé cette opération aussi-tôt après l'arpentage & au même Chapitre, parce qu'il seroit trop tard de faire ce relevé par noms de vassaux & censitaires, dans le tems où les assignations étant données de toutes parts, il vient une affluence de vassaux & de censitaires qui ôte tout le tems nécessaire à de pareils travaux. On trouvera donc de suite sur la feuille de chaque vassal tout ce qui lui appartient dans l'étendue du terrain arpenté; & c'est d'après ce relevé qu'on connoîtra la différence de l'aveu du vassal d'avec l'arpentage, & c'est un juste motif de blâme de cet aveu, si l'arpentage a été fait avec exactitude

III.3.3. Si le vassal insiste & prétend que l'arpentage est fautif, il faut alors faire vérifier cette partie de l'arpentage; mais s'il se trouve juste, les frais doivent tomber sur celui qui a fait la mauvaise contestation.

III.4. Il faut bien prendre garde de ne rien laisser mettre dans l'aveu de ce qui est du Domaine ou de la censive du Seigneur, & particulièrement du Domaine. Car l'aveu est une piece probante entre le vassal & le Seigneur qui n'auroit pas mis cette critique dans ses blâmes. Il n'est pas nécessaire, pour la rendre authentique, qu'elle soit publiée; ce n'est point à leur égard *res inter alios acta*. Tout ce qui est admis en faveur du vassal est presque perdu pour le Seigneur.

III.5. La censive moindre en proportion, mais toujours intéressante, peut être envahie par le vassal; s'il avoue tenir en fief ou en censif ce que le Seigneur tient en censif; le Seigneur n'en est pas à la vérité moins reconnu comme Seigneur de ce terrain, mais il n'en retire plus les profits censuels, c'est le vassal qui en profite.

III.6. Si deux fiefs de sa mouvance sont voisins, il faut prendre garde que l'un n'usurpe point sur l'autre. En soi le Seigneur n'y est pas intéressé, puisque sa féodalité est reconnue, & peu lui importe par qui le fief soit possédé, pourvu qu'il soit avoué comme Seigneur, & qu'il perçoive les fruits des mutations: mais il peut par contre-coup être entraîné dans le procès des deux vassaux. L'acceptation d'un aveu & sa vérification étant une espece d'engagement pour le Seigneur de maintenir le vassal dans les biens qu'il a reconnu lui appartenir, au moins est-il obligé de l'aider des titres qu'il peut avoir, & le vassal peut l'y contraindre en l'attaquant en restitution des droits qu'il a perçus sur le pied de l'aveu que le vassal lui a rendu, si mieux n'aime prendre sa défense sur l'objet contesté. On est encore plus tenté de se mettre de la partie lorsque la contestation est mue entre son vassal & le Seigneur suzerain : on veut soutenir l'étendue du fief de son vassal, telle qu'on l'a admise dans son aveu.

III.7. La principale attention qu'il faille avoir est donc de ne rien admettre dans les aveux, que de conforme aux titres anciens. Cette extension admise dans l'aveu est injuste en soi, puisqu'un vassal ne peut jamais tirer une partie de son Domaine ou de sa mouvance pour les faire passer de la mouvance d'un Seigneur dans celle d'un autre. Au fond, elle est dangereuse par les procès qu'elle peut occasionner, & dont on peut & même on doit être la victime, puisque l'origine d'un fief n'est autre que la concession faite par un Seigneur à son vassal d'une certaine quantité de terrain, à la charge de la foi. Or, cette quantité de terrain, une fois sortie des mains du Seigneur, ne peut augmenter, III.8. comme elle ne peut diminuer.

III.9.1. Le Seigneur peut forcer le vassal d'avouer la totalité du Domaine contenue au précédent aveu, le vassal ne peut forcer son Seigneur à inféoder l'aliénation du Domaine qu'il a faite depuis le dernier aveu rendu; & il est de l'intérêt du Seigneur de ne point inféoder les aliénations du Domaine qu'il plait au vassal de faire; car cela diminue considérablement le profit qu'il tire du fief; le quint d'un Domaine étant beaucoup plus fort que le quint des profits de fief, qui sont censés revenir au vassal tous les 30 ans pour la partie qu'il aura aliénée en se retenant les foi & hommage. Il est vrai que par l'article 61 de la Coutume de Blois, il est permis au vassal de s'ébattre de la tierce partie de son fief sans le consentement du Seigneur; il ne doit même aucun profit de cette vente à son Seigneur; mais cet ébat n'empêche pas le Seigneur de prendre en cas de mutation les profits sur la totalité du fief, comme s'il n'avoit été fait aucune aliénation : " Toutes fois », porte cet article de la Coutume de Blois, " ne pourra „ ledit vassal faire ladite aliénation au préjudice de son Seigneur, tellement „ que nonobstant ladite aliénation, si l'héritage tombe en profit, le Sei„ gneur de fief exploitera entiérement sondit fief „.

III.9.2. On ne peut rejetter un aveu parce qu'il y aura moins de Domaine avoué que dans le pénultieme aveu, si dans cet aveu il y en a autant que dans le dernier; parce que le dernier aveu étant reçu, ou censé reçu, le Seigneur eſt cenſé avoir inféodé l'aliénation du Domaine faite par le vaſſal entre le pénultieme & le dernier aveu.

III. 10. L'avantage d'un aveu rangé par cenſifs, Paroiſſes, & clos, eſt très-grand pour établir la vraie conſiſtance d'un fief. Cela en forme la vraie circonſcription, & le défend bien mieux contre les attaques des Seigneurs voiſins. Cela eſt bien plus aiſé à confronter avec les anciens aveux, ſi on a eu ſoin de tenir la main à ce que cet ordre ſoit obſervé; on les rapproche clos par clos, & on en voit la conformité ou les différences. Comment au contraire peut-on appercevoir cette conformité & en ménager les preuves pour les cas de conteſtations, lorſque ces cenſifs des vaſſaux ſont rangés par noms de Propriétaires? Qui peut s'engager à rapprocher ces différentes poſſeſſions de la tête à la queue de l'aveu? On ne croit pas cependant qu'il ſoit poſſible de blâmer pour cette cauſe; mais c'eſt un grand défaut dans lequel on doit engager les vaſſaux de ne point tomber.

IV. Les vaſſaux ſont quelquefois ſi long-tems négligens de rendre des aveux, qu'à peine on peut reconnoître la place de ces fiefs à cauſe des mutations arrivées dans le tems intermédiaire. Il faut tâcher de les retrouver, 1°. par les joignans immuables connus; 2°. par un joignant immuable & la filiation des joignans muables; 3°. par la ſeule filiation des Propriétaires du fief, quand il n'y auroit joignant ni muable ni immuable, ſi le vaſſal actuel eſt encore en poſſeſſion de la même quantité de terrain que ſes prédéceſſeurs, & que la mouvance de ce terrain n'ait point été envahie par des Seigneurs voiſins. 4°. Quand un homme eſt ſeul Propriétaire dans un clos dans lequel eſt notre fief, quoique nous n'en n'ayons ni filiation de vaſſaux, ni filiation de joignans muables ou immuables.

V. Le droit féodal pour la réception des actes, eſt extrêmement varié, ſelon les différentes Coutumes. C'eſt dans ces Loix qu'il faut chercher, à l'égard des fiefs, par qui la foi & hommage eſt due en cas de Garde-noble, de parage, de veuvage; à qui elle doit être portée s'il y a pluſieurs enfans du défunt Seigneur; dans quel cas elle eſt due; dans quel tems elle doit être faite, ſoit en ſucceſſion ou à cauſe d'acquêt; comment elle ſe rend, en perſonne, par Procureur, ou obtenir ſouffrance; la valeur des offres de foi en l'abſence du Seigneur. A l'égard de l'aveu, on y apprend dans quel tems il doit être rendu; ſous quelle peine; les blâmes que le Seigneur peut en faire; s'il faut les aller chercher; qui eſt Juge, quand le vaſſal conteſte; ſi la mouvance ſe preſcrit par Seigneur contre Seigneur, &c. &c.

SECTION II.

Réception des Déclarations. Vérification ou blâme d'icelles.

I. Les Coutumes font Loi en cette partie comme à l'égard des fiefs. Ce sont elles qui décident si un censitaire peut créer une censive, si le cens peut se diviser; elles établissent différentes especes de cens, des cens payables à jour nommé, des cens requérables, des cens à cherprix, des cens à tels cens tels reliefs : elles fixent les amendes faute de paiement de ces cens, la quotité d'années qu'on peut en demander. A l'égard des profits casuels, elles fixent le denier auquel les profits sont dus en cas de vente, s'il a lieu en cas de réméré, en cas de retrait lignager, en cas d'échange s'il y a soulte ou s'il n'y en a pas, en cas de donation pure, en cas de bail à rente, au décès du preneur, au décès du bailleur, en cas de vente de la rente, en cas de vente de l'héritage baillé à rente. Elles forcent à exhiber les contrats d'acquisition, & fixent les amendes faute d'exhibition. On voit dans quelques Coutumes le droit de terrage, s'il est compatible avec le cens, s'il est prescriptible, si la quotité en est définie; si on peut changer la nature du terrage; à qui appartient l'héritage si le Propriétaire ne cultive pendant neuf ans.

I.1. Quiconque possede des biens dans la censive du Seigneur doit en fournir sa déclaration.

I.2. Quand on aura en main les titres des censitaires, il y aura beaucoup de rentes qui, à l'inspection des seuls titres du chartrier, paroissoient prescrites, & néanmoins revivront, parce que les Vendeurs les auront déclarées aux

Acquéreurs, qui dès-lors ne peuvent plus les prescrire, suivant cet axiome : *Melius est non habere titulum quàm habere vitiosum.* (Sauf toutes fois les prescriptions centenaires dans lesquelles la bonne foi n'est pas requise à cause des événemens multipliés qui ont pu arriver dans un si long espace de tems). Les censitaires ne sont pas pour l'ordinaire fort curieux de rendre leurs déclarations, & d'aller annoncer des ventes qui les exposent au paiement des profits; mais ceux de qui ils ont acquis ne veulent point être exposés à ce que les Acquéreurs puissent revenir contre eux en indemnité, faute d'avoir déclaré des rentes auxquelles leurs héritages étoient soumis, qui un jour leur seront demandées par le Seigneur. Ce qui fait qu'autant qu'ils ont eu soin de tenir ces rentes cachées tandis qu'ils étoient Propriétaires des biens, autant ont-ils de soin de les déclarer quand ils vendent ces héritages. C'est donc ces contrats de vente qu'il faut bien examiner avant de recevoir les déclarations, & cet examen sera d'une plus grande utilité qu'on ne l'auroit d'abord pensé.

A l'égard de celles sur lesquelles la Seigneurie manque de titres suffisans, il faut considérer s'il ne seroit pas plus avantageux de faire une remise des arrérages, & de faire reconnoître la rente qui paroît prescrite; car il y a des cas où cela peut être plus utile. Une rente, je le suppose, n'aura pas été payée pendant les trente dernieres années avant la renovation du Terrier, & les contrats ne présentent aucun moyen de la faire revivre; le fonds ne peut être demandé, mais cette rente étant fonciere, le censitaire sait que comme les arrérages des trente dernieres années de cette rente fonciere sont dus, il est certain qu'il aimeroit mieux qu'on lui en fît la remise, & passer la déclaration. Dans ce cas le Seigneur y perdroit trop; mais on peut lui faire remise d'une dixaine d'années d'arrérages: ce sera un motif suffisant pour un homme mal-aisé, tel que sont ordinairement des censitaires, pour aimer mieux reconnoître une rente, que de tirer de leur poche, en une seule fois, une somme dix fois plus grande que celle qui leur sera demandée annuellement. Le terme éloigné de ces paiemens, & leur médiocrité, les engageroient facilement à renouveller cette partie de leur déclaration. On peut au reste équitablement faire une remise plus forte à ceux qui ont acquis de bonne foi un héritage qu'ils ne croyoient pas soumis à rente, qu'à des gens qui opposent une prescription de rentes qui ont été payées par ceux à qui ils ont succédé à titre gratuit, comme par succession, legs ou donation.

La remise ci-dessus indiquée d'un tiers, paroît bien suffisante; moindre, elle seroit encore juste, & il n'en faut faire qu'autant qu'il est nécessaire pour obtenir le renouvellement de la rente: car au fond c'eſt une injuſtice que cette oppoſition de preſcription par gens qui ont ſuccédé à titre gratuit, & ils ont à craindre que l'on ne retrouve des titres en vertu deſquels le Seigneur leur feroit payer la totalité des trente années d'arrérages. Il pourroit au contraire faire une remiſe de moitié à celui qui a ſuccédé à titre onéreux; ſa bonne foi mérite conſidération; c'eſt une choſe fâcheuſe pour un cenſitaire de reconnoître une ſervitude pécuniaire ſur ſon héritage qu'il croyoit libre: il faut d'ailleurs que le Seigneur ſouffre un peu de la négligence de ſes auteurs, & qu'il ne foule pas ſes cenſitaires par des exactions de paiemens devenus conſidérables pour eux parce qu'ils ſe trouvent accumulés. Enfin, c'eſt une choſe à décider par le Seigneur, s'il aime mieux faire une remiſe moins forte & prendre les arrérages preſqu'entiers, ou en faire une de moitié ou de telle quantité qu'il lui plaira, & faire renouveller la rente. Ce qui eſt certain, c'eſt qu'on a, dans le droit d'exiger les arrérages, un grand moyen pour faire à cet égard tout ce qu'il plaira au Seigneur.

I.3. Les déclarations que doivent les Gens de main-morte doivent être fournies par leur homme vivant & mourant. (Voyez cette formalité ſur les foi & hommage, N°. II.3.) Il eſt bon de ſavoir ce que les Coutumes portent à cet égard: s'ils peuvent acquérir ſans la permiſſion du Seigneur; ſi le Seigneur peut les contraindre de vuider leurs mains; s'il le peut, pendant combien de tems il a ce droit; quel terme il faut leur donner pour revendre leurs héritages, ſinon ſaiſir; s'ils deviennent Propriétaires incommutables après 40 ans, ou dans le cas où les profits ont été reçus.

II. Les relevés d'arpentage par noms de vaſſaux & cenſitaires, dans la forme décrite même Partie, Chap. III. N°. III.2.2. font connoître tous les articles qui doivent compoſer la déclaration de chaque cenſitaire. L'examen des titres du cenſitaire, & la déclaration verbale qu'on a reçue de lui lors de l'exhibition de ſes titres, joints à ce relevé d'arpentage, doivent fournir des déclarations très-exactes; mais il faut encore avant de dreſſer les déclarations, inſérer dans le relevé d'arpentage la mouvance de chaque partie des héritages qui appartiennent à ces vaſſaux, mouvance qui n'a pu être connue lors de la confection du relevé d'arpentage, mais ſeulement après les extraits de tous les titres du chartrier. (Voyez ſur ce, même Partie, Chap. VI. N°. I.) Qui eſt-ce qui doit mettre ces mouvances ſur le relevé d'arpentage par clos? Ce doivent être les mêmes qui les mettent ſur le relevé d'arpentage par noms de vaſſaux.

III. D'après ce relevé ainſi muni de toutes les connoiſſances des titres

& des déclarations verbales faites par les censitaires lors de l'exhibition desdits titres ou, depuis même lesdites exhibitions, on dresse les projets de déclaration. Il n'est pas nécessaire pour recevoir les déclarations, d'attendre que tout l'arpentage soit fini, il suffit pour commencer, d'avoir toute une Paroisse; on peut dès l'instant même recevoir les déclarations de tous ceux qui n'ont de bien que dans cette Paroisse. Il faut le faire publier à l'issue de la Messe paroissiale, & quand ils viennent, les avertir de dire s'ils ont du bien dans d'autres Paroisses, parce qu'alors on ne recevroit point leurs déclarations, mais on les remettroit pour le tems où on auroit l'arpentage de cette autre Paroisse dans laquelle ils ont du bien, afin de ne les point exposer à fournir deux déclarations qui épaissiroient inutilement le Terrier censuel, & dont chaque premier article couteroit 20 sols au censitaire.

IV. Voyez le Tarif, Chap. IV. Art. II.

V. 1. On a vu sur les actes de foi & hommage, aveux & dénombremens l'utilité de ces protocoles, voici celui des déclarations.

Protocole des Déclarations pour les Censitaires.

Pardevant . . . . . Notaire au Comté de Rostaing, fut présent . . . . demeurant à . . . . . Paroisse de . . . . . . fondé de procuration à lui donnée par . . . . . passée chez . . . . . le . . . . contrôlée le . . . . (*ou*) comme tuteur & curateur de . . . . . (*ou*) à cause de . . . . . sa femme, (*ou*) veuve de . . . . . Lequel a déclaré tenir à droit de cens, portant profit de lods & ventes, & amendes quand le cas y échet, & autres droits déclarés ci-après par chacun article, de . . . . Seigneur Comte de Rostaing, (mettre toutes ses qualités) à cause de son Comté d'Onzain, (*ou*) Seigneurie de Vauliard. Les héritages qu'il possède, c'est à savoir :

Nom du Notaire.

Nom & demeure du censitaire.

Sa qualité.

Se dit censitaire.

Du Seigneur de . . . .

Premiérement, un arpent de terre labourable assis au clos de . . . . . . autrement le . . . . . . (*ou*) près de . . . . . Paroisse de . . . . . au censif de . . . . . Joignant d'aval à . . . . . de galerne à . . . . d'amont à . . . . . de solere à . . . . .

Détail des héritages.

(Si par la suite il y a des divisions d'héritages entre les censitaires, & qu'on ne puisse plus reconnoître, sur l'arpentage qui a été fait, la maniere dont doivent être orientées ces divisions, il faudra se transporter sur les lieux pour s'en assurer, car sur les orientations on ne peut s'en rapporter au dire des Gens de la Campagne).

Charges. Ladite piece de terre tenue à droit de cens à raison de huit deniers pour arpent, (*ou*) à cherprix, (*ou*) chargée de telle rente fonciere solidaire ou non solidaire, (*ou*) soumise au droit de terrage à la douzieme gerbe.

2. *Item.* Une maison, &c. comme le précédent article.

Ladite maison soumise au droit de faîtage, &c.

&c.

Total des arpens, leurs charges, & le tems de leurs paiemens. Lesquels héritages faisant ensemble la totalité de dix arpens, à quatre deniers de cens par arpent, payable le . . . . . Quatre arpens à huit deniers l'arpent, payable le . . . . . font un total de cens six sols, en rente fonciere, payable le . . . . . quatre livres, en droit de faîtage, payable le . . . . . cinq sols. (Quoiqu'on ait spécifié différens tems de paiement, parce que cela se sera ainsi trouvé porté par les titres des censitaires, il seroit cependant plus à propos de tout réunir à un même terme, en prenant la derniere ou la plus commune époque pour y placer tous ces divers paiemens).

Titres de propriété du censitaire. Lesdits héritages appartenans audit Détenteur, (ceci est tiré d'une Déclaration du premier Novembre 1699), savoir la premiere piece provenant d'échange fait par ledit . . . . . avec . . . . le . . . . La seconde du propre de . . . . . défunte mere desdits enfans. La troisieme du propre dudit défunt. (Quand l'héritage est venu par partage entre parens, il faut avoir grand soin de faire extrait dudit partage & de prendre tous les noms des co-partageans, & les effets échus à chacun dans la mouvance du Seigneur. Voyez pourquoi, Part. II. Chap. IV. N°. III.) La quatrieme du propre de la mere desdits enfans; & les quatre dernieres de la succession de ladite mere, à laquelle elles appartenoient de la succession de . . . . . son pere, auquel ils appartenoient de la succession de S. . . . son aïeul, par partage devant . . . . . Notaire à Onzain, le . . . .

Soumission de payer les charges. Et a ledit . . . . . promis payer par chacun an lesdits cens & rentes, faîtages, auxdits lieu, jour & heure accoutumés, (ou tel autre qui aura été indiqué par le présent acte); & à l'égard du droit de terrage ledit Déclarant s'oblige le payer toutes fois & quantes que les héritages qui y sont sujets seront ensemencés, & rendre lesdits terrages ès lieux & grange de la recette, & en faire les premiers paiemens aux prochains termes, & ainsi continuer annuellement tant & si longuement qu'il sera Détenteur desdits héritages, à peine des amendes & peines portées par la Coutume.

Acceptation de la déclaration, & protestations contre les omissions. Ce qui a été pour mondit Seigneur absent stipulé & accepté par ledit Notaire, sans que les omissions, si aucune y a, puissent nuire & préjudicier. Promett. oblig. renonc. Fait & passé à . . . . . en l'Etude du Notaire, en présence

présence de . . . . qui ont signé le . . . . . & a ledit Détenteur signé en la minute des Présentes, (*ou*) déclaré ne savoir signer.

V.2. Voyez Chap. III. N°. III. ce qui est dit de l'inutilité & du danger de la variation des mots de tenans, joignans, abutans, de long, de large, d'un côté, d'un bout, &c.

VI.1. Voyez Sect. I. même Article, N°. III. sur les blâmes des aveux, ce qui peut être commun au blâme des déclarations, entr'autres les Nos. III.3.1. III.3.2. III.3.3. III.4. III.6. & III.8.

VI.2. Traité du Papier Terrier, pag. 37. " Si lesdites déclarations ne se " trouvent pas véritables ou suffisantes à raison de la qualité & consis- " tance des héritages, que des droits & redevances dont ils peuvent être " chargés, les Propriétaires seront condamnés par les Jugemens qui in- " terviendront, à réformer lesdites déclarations, & en tous les dépens aux- " quels ils auront donné lieu; à l'effet de quoi il sera ordonné par les " Juges-Subdélégués, si besoin est, toutes vérifications, arpentemens, " plantemens de bornes, & autres procédures, & seront les Ordonnances " par eux rendues exécutées nonobstant, & sans préjudice de l'appel ".

Nota. Ibidem pag. 91, l'Auteur fait entrer dans les déclarations qui doivent être données au Roi par les censitaires, la solution des questions suivantes; si lesdits biens ont changé de nature, si les bornes & limites sont dans le même état; & si elles ont changé, à quel sujet & pour quelle cause; si c'est par de nouveaux chemins, inondation de riviere, abattemens ou défrichemens de bois, ou autres changemens quelconques; & si eux ou leurs auteurs ont fait ou défait quelques édifices dans lesdits héritages; s'ils ont changé la surface du fonds, de maniere qu'ils soient connus sous une désignation ou dénomination différente.

ARTICLE III.

Paiement des Profits échus.

I.1. *Quand les déclarations sont à cherprix, il faut se souvenir que les droits sont dus à toute mutation.*

I.2. *Autres points de droit féodal & censuel qu'il faut connoître à l'égard des paiemens.*

II.1. *Pour percevoir exactement les profits échus, il faut avoir recours aux regiſtres du Centieme denier.*

II.2. *Cependant les titres des vassaux & censitaires fournissent ordinairement des connoissances suffisantes.*

II.3. Si on doit faire la recherche des regiſtres du Centieme denier avant ou après avoir vu les titres des vaſſaux & cenſitaires.

II.4. Comment ſe fait cette recherche.

II.5. Cette recherche différée n'alonge pas les opérations.

II.6. Comment les connoiſſances qui naiſſent de la vue des regiſtres du Centieme denier doivent être rapportées ſur le relevé de l'arpentage.

III.1. Quels profits on peut demander.

III.2. C'eſt aux vaſſaux & cenſitaires à juſtifier du paiement.

III.3. Quelle action a le Seigneur pour ces paiemens.

III.4. Quelle remiſe on peut faire ſur ces paiemens.

IV.1. Comment on regle ces profits.

IV.1.1. La variation du prix des héritages donne lieu à ventilation.

IV.1.2. Connoiſſance préable à la ventilation.

IV.1.2.1. Meſure des terres.

IV.1.2.2. Prix des denrées & menus ſuffrages pour l'eſtimation de la valeur des Fermes du Blaiſois, année commune.

IV.1.3. D'après quoi doit être faite la ventilation.

IV.1.4. Objets de ventilation.

IV.1.4.1. Ventilation d'un Domaine en 1754, dans le Blaiſois.

IV.1.4.2. Ventilation des fiefs mouvans du Domaine.

IV.1.4.3. Ventilation des rotures mouvantes du Domaine.

IV.1.4.4. Ventilation du droit de dîme.

IV.1.5. Déductions qui paroiſſent équitables dans une ventilation.

IV.2. Quand on ne fait point de ventilation.

I.1. Dans le cas du cens à cherprix, les droits ſont dus à toute mutation, même de pere à fils. Cela fut dit expreſſément par les Praticiens lors de la rédaction de la Coutume de Blois, que tel étoit l'effet du cens à cherprix : il y a même au chartrier de la Terre d'Onzain des déclarations fort anciennes, qui détaillent ce droit, & en donnent la même idée. Mais il faut des titres pour établir cette redevance, elle ne ſe préſume point.

I.2. C'eſt des Coutumes elles-mêmes qu'il faut apprendre ce que c'eſt que les rachats, quels fruits y ſont compris; quand ils ont commencé à courir; ce qu'il faut décider dans la concurrence de deux rachats; s'ils ſont dus en cas de donation par pere ou mere en avancement d'hoirie; s'il eſt dû deux profits dans le cas de ſucceſſion échue à une femme mariée; quels profits ſont dus en partage dans le cas de ſoute; ce que c'eſt que quint & requint; s'il a lieu dans l'aliénation de la tierce partie du fief; s'il en eſt dû pour le bail à rente d'un fief; par qui les profits ſont dus en cas de réméré ou de retrait; à qui on doit demander les profits en cas de Garde-Noble, de parage, du mariage de la Vaſſale; s'il en eſt dû pour échange

& donation, pour les Gens de main-morte, s'il en eſt dû pour les héritages tenus à terrage.

II.1. Ou les vaſſaux & cenſitaires perdent leurs titres, ou ils les cachent, rarement ils exhibent autres contrats que celui qui les établit Propriétaires : à l'égard de celui-là ils ne peuvent le diſſimuler, car le Seigneur a le droit de s'emparer de tout ce qui n'eſt pas prouvé appartenir à quelqu'un ; mais ils ne montrent que celui-là, de peur que les autres n'annoncent les profits échus. Pour rémedier à cette ſouſtraction de titres, on fait recherche des 30 dernieres années au moins des regiſtres du Centieme denier. Le Fermier y tient état, tant à l'égard des fiefs que des cenſifs, de toutes les mutations en collatérale, & par vente qui lui doivent le paiement de cette impoſition. Ces mutations étant connues, on s'en ſert contre les vaſſaux & cenſitaires receleurs de titres, & alors on leur fait payer en rigueur les droits qu'ils ont voulu cacher; cela donne crainte aux autres, & on en tire tous les éclairciſſemens néceſſaires.

II.2. Quand un contrat de vente eſt bien dreſſé, il exprime les titres de propriété de celui qui vend ; ainſi en exhibant un ſeul titre, les vaſſaux & cenſitaires fourniſſent preſque toutes les connoiſſances dont on a beſoin pour le paiement des profits : car il n'y a gueres plus de deux mutations dans le cours de 30 années, celle du vaſſal, & celle de celui qui lui a vendu.

II.3. Si on fait la recherche des regiſtres du Centieme denier avant d'avoir vu les titres des vaſſaux & cenſitaires, comme on ne ſait alors ſur quoi tomberont les omiſſions de déclaration de titres, il faut faire un dépouillement bien détaillé & bien vaſte des regiſtres du Centieme denier. Si on ne le fait qu'après avoir vu les titres, on n'eſt plus obligé de faire cette recherche que pour les biens dont les mutations ſont inconnues.

II.4. Cette recherche ſe fait facilement : on prend le relevé d'arpentage par noms d'hommes où ſe trouvent ceux des vaſſaux & cenſitaires, & ſur lequel on aura reporté toutes les connoiſſances qui ont été fournies par leurs titres. On verra ſur chacun de ces noms ceux des vaſſaux & cenſitaires qui n'ont point fourni leurs titres pour remplir la poſſeſſion trentenaire : ils ſeront en petit nombre, ſuivant ce qui a été noté ci-deſſus, N°. II.2. & alors on prend les noms de ceux qui ont vendu à ces Propriétaires, on les porte au Bureau du Centieme, & on trouve ſur les regiſtres en vertu de quel titre ces prédéceſſeurs étoient devenus Propriétaires.

II.5. Pendant qu'on fait cette recherche, rien n'empêche qu'on ne reçoive toujours la multitude des déclarations de ceux qui auront fourni titres suffisans de la possession trentenaire.

II.6. On reporte les connoissances qu'on tire des registres du Centieme dans le relevé par noms de vassaux, dans la marge qu'on a à sa gauche, & on met en tête de la note C^e, pour marquer que cela est tiré du registre du Centieme denier. Voyez le modele ci-devant, Chap. III. N°. III.2.3.

III.1. Soit d'après les titres des vassaux & censitaires, soit d'après les registres du Centieme denier, on connoît toutes les mutations arrivées dans les fiefs ou dans la censive. On peut demander alors les profits échus pendant les 30 dernieres années à ceux qui possédent à titre onéreux, qui ont acquis par vente à eux faite; non-seulement ils doivent tous les profits de mutation, mais aussi tous les arrérages de rentes dues par l'héritage qu'ils ont acquis. Ceux qui possédent à titre gratuit, comme successions collatérales, donations, legs, &c. ne devroient pas opposer de prescription, même par de-là les 30 dernieres années, leur bien étant augmenté injustement de tous les profits qui n'ont pas été payés au Seigneur, à moins qu'ils ne veuillent présumer une quittance fournie par le Seigneur & perdue par leur auteur. S'ils savent que ces profits n'ont pas été payés, c'est une injustice de payer de prescription, mais ils sont à couvert par la Loi s'ils en veulent user.

C'est agir avec prudence que de ne demander les profits qu'après que toutes les déclarations sont passées; sans cela on irrite un Pays dans un tems où on a le plus besoin de la bonne volonté des gens pour faire reconnoître les redevances; ou il faut se résoudre à les faire reconnoître à force ouverte, & à force de procédures, ce qui est fâcheux & sujet à bien des inconvéniens.

III.2. C'est au vassal & au censitaire à justifier des paiemens; la reception en foi, vérification d'aveu, acceptation de déclaration ne suffit pas pour les mettre à couvert de cette demande, il faut qu'ils prouvent des paiemens.

III.3. Il est vrai que le Seigneur ne peut saisir féodalement pour les profits dus par les prédécesseurs reçus en foi, il n'a à cet égard qu'une simple action; mais il l'a, & il peut demander tout ce qui est destitué de preuve de paiement. Pour ce qui est dû personnellement par le vassal pour sa propre mutation, le Seigneur ne peut saisir le fief, de saisie féodale, s'il a reçu son vassal en foi, il ne prendra point les fruits à son profit faute d'homme, mais il peut saisir faute d'aveu, & profits non payés.

cependant il ne fera les fruits siens, seulement il empêchera la jouissance du vassal.

III.4. Probablement à force de recherche, & ne donnant main-levée des saisies qu'à ceux qui auront justifié de tous les droits échus, on viendra à bout de percevoir la totalité de ces droits; cependant il vaut mieux les recueillir avec commisération & indulgence, que d'agir en toute rigueur. L'exemple que le Roi a donné dans son Arrêt du Conseil du 19 Juin 1736, Art. XI, est très-bon à suivre par les Seigneurs. Cet article porte : " Permet „ Sa Majesté aux Receveurs de ses Domaines d'accorder, conformément „ aux Lettres Patentes du premier Février 1723, un quart de remise à „ ceux de ses vassaux & censitaires qui lui doivent des droits de quint, „ relief, ou lods & ventes, de leur chef ou de celui de leurs auteurs, „ & qui en feront le paiement dans trois mois à compter du jour de la „ publication du présent Arrêt. Veut qu'après ledit jour ils soient tenus „ de payer lesdits droits en entier, & qu'ils soient à cet effet poursuivis „ à la Requête de son Procureur, sans que ledit délai puisse être pro- „ longé „.

IV.1. Quand on n'a point de soupçon sur le contrat de vente, & qu'on ne croit pas qu'il y ait de contre-lettre, on s'en tient au prix porté par le contrat, & on prend le quint & requint si c'est un fief, & le douzieme si c'est une roture. Si on soupçonne quelque contre-lettre, ou que le contrat de vente contenant plusieurs fiefs pour un prix total, l'évaluation de ces fiefs ait été faite par ledit contrat, mais que le Seigneur croie qu'on a par malice ou autrement, donné à son fief une moindre estimation au profit du fief d'un autre Seigneur, le Seigneur peut demander à faire la ventilation ou estimation de ce fief mouvant de lui, & mesestimé par le contrat; & si la ventilation ou évaluation fait connoître que le prix donné au fief mouvant de lui est trop bas, il a droit d'en demander une nouvelle.

IV.1.1. S'il n'y avoit point d'aliénation des parties d'un fief, & qu'il fût toujours le même sans augmentation ni diminution, les profits dus à raison des mutations de vassaux seroient toujours à peu près les mêmes; il n'y auroit de variation que celle qui naît du prix plus ou moins fort que donne aux Terres la rareté ou l'abondance des especes d'or & d'argent, ou l'étendue du Commerce de la Nation par les denrées que le Royaume produit. Mais, non-seulement les fiefs voient leur prix varier par ces causes générales, il y a aussi des causes particulieres. Quelques vassaux s'ébattent d'une partie de leurs fiefs, & en diminuent la consistance actuelle avec l'agrément du Seigneur; auquel cas les profits dudit Seigneur diminuent en cas de vente; d'autres font de leur fief leur Domaine, & alors les profits de leurs fiefs augmentés du produit de l'arriere-fief deviennent plus considérables pour le Seigneur dominant. Toutes ces raisons font que le prix des profits de fief qui est fixé au quint & requint, & celui des lods & ventes au douzieme, ne peut être lui-même fixé qu'après une estimation des différentes parties qui composent le fief, ou l'héritage roturier; cette estimation s'appelle ventilation.

IV.1.2. Il faut d'abord bien connoître la valeur des mesures d'un Pays; ensemble le prix commun des denrées.

IV.1.2.1. *Mesures des Terres dans le Blaisois.*

Mouée. . . . . vaut . . . . 12 arpens.
Arpent. . . . . 10 boisselées,

(Il s'ensemence de 12 boisseaux quand il fait sec, & plus quand il fait humide).

Septerée. . . . . 8 boisselées.

(Elle s'ensemence de 9 à 10 boisseaux).

Minée. . . . . 4 boisselées,

(Elle s'ensemence de 4 à 5 boisseaux).

Boisselée. . . . . 10 perches,
Perche. . . . . { pour les terres. . . . . . . 24 pieds.
{ pour les bois. . . . . . . 22 pieds.

Quartier. . . . . $\frac{1}{4}$ d'arpent.
Quart. . . . . $\frac{1}{16}$ d'arpent, ou $\frac{1}{4}$ de quartier.

IV.1.2.2. *Prix des denrées & menus suffrages pour l'estimation de la valeur des Fermes du Blaisois, année commune.*

Le froment. . . . . . vaut le muid. . . . . . 50 liv.
Le méteil. 40
Le seigle. 30
Le vin. . . { vaut le poinçon { avec fût. . . . 18
{ sans fût. . . . 15
La journée de charroi. 3
Le gâteau de fleur de farine. 3

Un canard. . . . . 10 sols.
Un chapon. 10
Un poulet. 5
Une langue de bœuf. 10
Une douzaine d'œufs. 3

IV. 1. 3. Le vassal qui doit le profit doit présenter la déclaration de tous les biens qu'il tient en fief, & le censitaire de tous ceux qu'il tient en roture. Mais le plus sûr est de se fixer sur un aveu ou déclaration précédente. Car quand il s'agit de payer les profits, les vassaux sont plus tentés de diminuer l'étendue de leur fief que quand il s'agit de rendre aveu, parce qu'ils savent que leur aveu rendu au Seigneur leur sert de titre contre lui, & souvent contre des tiers, s'ils étoient régulierement publiés.

IV. 1. 4. Le fief d'un vassal est ordinairement composé comme celui du Seigneur, de Domaine, fief, & censif. Le bien du censitaire est souvent purement domanial. Rien ne releve de lui, car par la Coutume, Art. 127; « Nul ne pourra bailler à nouvelle censive aucun héritage qu'il tiendra en » censive d'autre Seigneur ».

IV. 1. 4. 1. Les plus communs Domaines sont composés de maison ou château, droits seigneuriaux utiles & honorifiques, vignes, prés, bois, friches, terres labourables. Quand on estime la plus grande partie des biens d'une Terre au denier 30, on n'estime rien la maison ou château, ni les droits honorifiques; néanmoins je croirois qu'il vaudroit mieux mettre aux différentes natures de biens, un denier convenable, que de régler ainsi vaguement une Terre entiere au denier 30, pour tenir lieu de l'estimation de son habitation & de ses droits, qui sont toujours différens dans différentes Terres dont le revenu seroit le même.

Il seroit bon de se transporter sur chacune des pieces d'héritage avec un Expert, pour connoître leur véritable valeur; au moins faut-il qu'un des Rénovateurs du Terrier les visite, & s'il n'y a point de raison manifestement contraire, on peut les réputer toutes d'une bonté médiocre, sans trop les dépriser au préjudice du Seigneur, ni en forcer l'estimation aux dépens du vassal. Cette qualité, bonne ou mauvaise de terre, est cependant quelquefois énoncée dans les aveux mêmes, & alors il faut y avoir égard: ainsi lorsque le vassal déclare que plusieurs arpens de ses terres labourables ont été compris dans les inondations d'une riviere, & sont actuellement couverts de sable, on ne peut plus exiger les mêmes profits. Aussi ne faut-il admettre ces énonciations dans les aveux, qu'autant qu'elles sont prouvées, car c'est une véritable diminution du fief.

Quelquefois pour abréger les opérations de l'estimation du Domaine, au lieu de prendre l'estimation de chaque portion d'héritage qui la compose, on prend l'estimation du revenu des Fermes qu'on porte au denier 25. Mais, outre que l'estimation détaillée est plus réguliere, cette estimation des Fermes est souvent embarrassante, parce qu'une même Ferme contient des portions de terre qui relevent de différens Seigneurs, & alors il faut toujours en revenir à estimer le fonds des terres pour faire la distraction de ce qui releve de ces différens Seigneurs; d'ailleurs ces deux opérations ne sont gueres plus longues l'une que l'autre; car il faut toujours y joindre le calcul des mouvances féodales & censuelles, des droits de dîmes & autres déclarés ci-après.

Il paroît que dans la Province de Blois, & notamment les Terres qui composent le Comté de Rostaing ou qui en dépendent en fief ou roture, sont estimées :

SAVOIR.

Celles qui sont labourables, sur le pied de. . . .	100 liv. l'arpent.
Celles en pré.	350
Celles en vigne.	300
Celles en bois.	60
Celles en pâture.	20

IV.1.4.2. Le fief mouvant du Domaine, ou l'arriere-fief de celui à qui les profits du Domaine sont dus, s'estiment comme le Domaine même, quant à leur valeur intrinseque, mais non quant aux profits & droits dus au Seigneur suzerain.

Pour estimer les profits que les arrieres-fiefs doivent au fief, après avoir connu leur valeur réelle, on prend le quint connu de cette valeur, & on en divise le produit par trente, parce qu'on suppose qu'une Terre s'ouvre en profits de mutations tous les 30 ans, sans parler des mutations par succession qui occasionnent des droits de relief. Ce produit ainsi divisé par 30, on regarde ce même produit comme annuel, & on l'estime au denier 30. La somme qui en résulte se joint au produit des articles du Domaine & y fait partie de la ventilation.

On voit aisément que ce quint ainsi divisé par 30, & le quotient multiplié ensuite par 30, formeroient une double opération, & toutes les deux,

deux inutiles; il n'y a qu'à seulement ajouter à la valeur du Domaine la valeur du quint de l'arriere-fief.

On ne parle point du requint parce qu'il n'est point dû quand c'est le Vendeur qui est chargé des droits, & il l'est toujours à moins qu'il n'ait vendu francs deniers. Cout. de Blois, Art. 80.

IV.1.4.3. La qualité de noble ou roturiere ne change point la valeur intrinseque des terres, leur prix est toujours le même, & celles qui doivent cens s'estiment comme celles tenues en fief. Mais les profits n'en étant que du douzieme denier en cas de vente, la valeur des profits casuels des terres roturieres ne peut être estimée que sur ce pied. On ne devroit pas même estimer ces profits comme arrivans tous les 30 ans, puisqu'il n'y a point pour eux d'ouverture de successions collatérales. Mais comme les fiefs ne rapportent que dans le cas des ouvertures, & que les censifs au contraire, outre les ouvertures, rapportent annuellement le cens, des amendes en cas de défaut d'exhibition de contrat, que quelques terres même ont le cens à cherprix qui donne ouverture au droit de douzieme denier, même en succession directe & collatérale : (Voyez Art. 109 de la Coutume de Blois, & Procès-verbal de la rédaction de ladite Coutume en ce qui concerne ledit Article.) ces considérations déterminent à prendre ordinairement le trentieme desdits profits censuels comme le revenu ordinaire du fief. Ce trentieme de profits censuels s'estime aussi valoir le denier 30. Il est plus court de joindre aux articles du Domaine le douzieme du fonds des héritages tenus en censif, divisé par 30.

IV.1.4.4. Le droit de dîme étant un droit annuel, quand on a connu la valeur des héritages, soumis audit droit & leur revenu annuel, on en prend le dixieme : le produit s'en multiplie de même par 30, qui est le denier auquel ont été fixés les revenus, & celui-ci en particulier devroit être estimé au-dessus de ce denier, étant un revenu non sujet à réparation, bien différent du simple Domaine, qui en entraîne toujours beaucoup avec lui. Ce produit du revenu du dixieme multiplié par 30, se joint aussi au Domaine, & contribue à augmenter la masse de la ventilation.

IV.1.5. Si on calcule si exactement tous les revenus du Domaine, de la vassalité, & du censif des fiefs, il sembleroit équitable d'en calculer aussi les pertes; je ne parle pas des réparations domaniales, soit pour vimaires, ou autres, que le tems seul amene; mais le droit qu'a le fief dominant de prendre le quint tous les 30 ans, devroit être regardé comme une vraie diminution du fief qui en entame bien réellement le plus pur du revenu. Il faut laiſſer cela à l'arbitrage & généroſité du Seigneur dominant.

IV.2. On a toujours droit de faire ventilation des fiefs acquis; cependant toutes les fois que l'acquiſition ne regarde qu'un ſeul fief, on ſe contente, ſans ventilation, de prendre le quint denier du prix de ce fief, tel qu'il eſt porté au contrat, à moins qu'on n'ait preuve qu'il y a contre-lettre audit contrat pour frauder le Seigneur d'une partie de ſes droits. De même quand il y a pluſieurs fiefs acquis par un même contrat, mouvans de différens Seigneurs, & que tous ces fiefs ſont eſtimés ſéparément par ledit contrat, comme l'Acquéreur eſt peu intéreſſé à payer à l'un des Seigneurs plûtot qu'à l'autre, cette ventilation eſt ordinairement ſuivie; à moins qu'on ne croie qu'il y a eu des motifs ſecrets de la part du Vendeur ou de l'Acquéreur de favoriſer dans cette ventilation portée au contrat, un des Seigneurs plus que l'autre: alors le Seigneur qui ſe croit léſé, peut répudier la ventilation portée au contrat, & retourner à ſes titres & aux aveux de ſon vaſſal pour en faire une nouvelle. Les Vendeurs ont même ſoin par leurs contrats de ſtipuler qu'ils ne ſeront point garans de la ventilation qu'ils ont donnée aux fiefs; ce qui montre, contre la prétention de quelques-uns, le droit du Seigneur de rejetter une ventilation non contradictoire avec lui.

CHAPITRE SIXIEME.

La confection des aveux que le Seigneur est tenu rendre à ses Suzerains.

I. *Ce qu'il faut faire avant de dresser un aveu.*
II. *D'après quoi se dresse l'aveu.*
II.1. *Pour le Domaine.*
II.2. *Pour la féodalité.*
II.3. *Pour le censif.*
III. *Projet d'aveu.*
III.1. *Sa nécessité.*
III.2. *On peut le faire promptement.*
III.3. *Y mettre les cottes de l'arpentage.*
IV. *De l'étendue qu'on doit donner au détail de l'aveu.*
IV.1. *Importance d'y insérer le Domaine dans un grand détail.*
IV.2. Quid, *à l'égard des fiefs.*
IV.3. Quid, *à l'égard des censifs.*
IV.4. *D'un aveu rendu par circonscription.*
V. *Des preuves justificatives de l'aveu, & si elles doivent être insérées dans l'aveu.*
V.1. *Du Domaine.*
V.2. *De la féodalité.*
V.3. *Du censif.*
VI.1. *Quand le suzerain presse trop de rendre aveu & que les opérations ne sont pas finies, on se pourvoit au Conseil.*
VI.2. *Protestations à faire par le Seigneur quand i ne peut obteni le tems de recueillir les aveux de ses vassaux.*
VII. *Un Seigneur prudent ne demande pas au Seigneur suzerain de se contenter de la signature d'un ancien aveu.*
VIII.1. *Publication de l'aveu.*
VIII.2. *Comment elle se fait.*
IX.1. *Par qui l'aveu pourra être contredit: conséquence de cette contradiction.*
IX.2. *Défenses contre les contestations.*
IX.2.1. *Examiner les tenans & aboutans des titres des contestans.*
IX.2.2. Quid, *si ce sont copies collationnées.*
IX.2.3. Quid, *si on produit bornage.*
IX.2.4. *S'il est utile de demander bornage.*
IX.2.5. *Bien examiner les titres que l'on produit.*
IX.2.6. *Si le Seigneur n'a titres suffisans, il peut en demander à son suzerain.*

I. LORS de l'arpentage & du relevé d'icelui par clos, l'Arpenteur a dû y inscrire les noms des Fermes & autres biens sur chacun des articles qui composent le Domaine, au moins en ce qui est suffisamment connu des Fermiers, & c'est sans doute la très-grande partie. Mais l'Arpenteur n'a pas dû ni même pu définir les mouvances dont releve chaque partie du Domaine, ou les terrains de chaque fief contenu en l'arpentage, ni attribuer une partie à un censif de la Terre préférablement à l'autre. Il n'y a que les titres qui puissent faire connoître suffisamment cette mouvance, & ni le dire des Fermiers, ni la prétention des vassaux, ni ce qui peut être avancé par les Indicateurs, ne peuvent lui donner droit de préjuger cette partie. Ce sont les Rénovateurs du Terrier qui, après avoir fini tous les extraits, seront en état de les conférer avec chaque clos décrit dans ledit relevé d'arpentage, & de mettre dans la marge à ce destinée sur chacun des articles dudit clos, à l'égard du Domaine, le Seigneur de qui releve cette partie du Domaine. (Voyez le modele dudit relevé d'arpentage par clos ci-dessus, Chap. III. N°. III.1.1.). A l'égard des fiefs, ils marqueront sur ce même relevé ce qui est du Domaine du vassal, ou censif de son fief; enfin, pour le censif du Seigneur ils marqueront sur chaque article dudit relevé le nom du censif auquel il appartient, & de quelle Seigneurie ce censif est mouvant.

Pendant qu'on a cette connoissance de mouvance toute fraîche, il faut la reporter en détail sur la quatrieme colonne de la table alphabétique des clos, faite par l'Arpenteur. (Voyez cette table ci-devant, Ch. III. N°. III.1.4.). On trouvera très-utile par la suite de connoître sur le champ de quel censif ou Domaine est chaque partie du clos. Cela peut facilement être tiré de ce relevé d'arpentage par clos, il n'y aura que les noms des clos à chercher; quand ils seront trouvés, on prendra note fort promptement de ces censifs, fiefs ou Domaine. Ces différentes mouvances établies sur le Domaine, sont destinées à distinguer tout ce qui en doit entrer dans l'aveu séparé rendu à chaque Seigneur. Les mouvances mises sur le fief du vassal ne servent qu'à retirer du Domaine & du censif du Seigneur ces terres étrangeres qui n'appartiennent ni à l'un ni à l'autre. Cela évite la confusion qui pourroit naître de l'omission de ces mouvances. D'ailleurs, on peut y avoir recours en cas de contestation; les mouvances du censif seront d'un grand usage pour la confection de l'aveu, ainsi qu'on va voir même Chapitre, N°. II.3. Il faut de plus que ce relevé d'arpentage par clos soit conféré avec celui de l'arpentage par noms de vassaux, afin d'y corriger toutes les fautes qui auront été corrigées sur le relevé par noms de vassaux, d'après les titres qu'ils auront produits, & les vérifications d'arpentage qu'ils auront occasionnées par leurs contestations. Quoique tant de connoissances détaillées sur chaque clos semblent devoir occuper long-tems les Rénovateurs du Terrier, cependant la grande connoissance qu'ils ont des titres par les extraits, doit les mettre en état d'apostiller fort promptement le relevé d'arpentage. Ils peuvent même faire un petit relevé de ces extraits dans lequel il marqueront les mouvances de chaque clos, & d'après ce petit relevé ils expédieront cette partie de l'ouvrage fort promptement. Mais il n'y faut rien hasarder de mémoire, ce doit être un ouvrage réfléchi dans lequel les erreurs seroient fort dangereuses. La confrontation du relevé d'arpentage par noms avec celui par clos, sera un peu plus longue, mais cela ne se peut éviter.

II. C'est d'après le relevé d'arpentage ainsi éclairé des titres, que l'on peut dresser l'aveu dû à chaque Seigneur.

II.1. Pour chaque Seigneur, on prend les parties du Domaine qui en relevent, & on en écrit le détail, Ferme par Ferme, bois, prés, vignes, étangs, séparément: il faut bien exactement y mettre tous les joignans. On va voir N°. IV.1. l'importance de ce grand détail du Domaine.

II.2. A l'égard des fiefs, l'aveu n'est que la simple transcription des aveux qui ont été fournis par les vassaux, on ne prend rien dans le relevé d'arpentage. Voyez ci-devant, Chap. III. N°. III. l'utilité & les dangers de ces mots *joignans* & *aboutans*, *d'un long*, *d'un bout*, *d'un côté;* cela alonge beaucoup les actes; on peut très-bien les supprimer dans la transcription de ces actes des vassaux.

II.3. Le censif, pour être mis dans un bon ordre, demande beaucoup plus de préparatifs. Chacun des censifs de la Terre a été autant de démembremens du Domaine de la Seigneurie, il est bon que ces démembremens soient inféodés & reconnus du Seigneur suzerain. Il faut donc lui présenter ces censifs avec netteté, en diviser les clos sur lesquels ils s'étendent, & dans chaque clos les noms des censitaires, & les charges auxquelles ils sont sujets. Sans cela, l'aveu seroit à l'égard du censif un fouillis absolument inutile. Quoique ordinairement on n'y tienne pas rigueur, ce devroit être une cause de blâme, blâme très-bien fondé. Ces divisions par censifs & sous-divisions par clos se feront facilement par la copie du relevé d'arpentage par clos, puisque chaque article porte, comme il vient d'être dit, le nom de son censif. Il n'y a qu'à suivre Paroisse par Paroisse tous les censifs les uns après les autres, il n'y en pas un si grand nombre, & prendre tous les articles de clos qui seront timbrés du nom de ce censif. En suivant l'ordre des Paroisses, il se trouve quelquefois qu'un censif sera morcelé, parce qu'il y en a d'assez grands pour s'étendre dans différentes Paroisses. La circonscription des terrains par Paroisses a été regardée comme avantageuse, & on peut la conserver même dans l'aveu; sauf, si un censif n'est pas fini, à marquer dans le texte de l'aveu, ou par une note marginale, que le reste du censif sera détaillé dans telle Paroisse.

Si on est moins frappé de l'avantage de la circonscription par Paroisses que de la division des parties d'un censif, il n'y a qu'à continuer la recherche de ce censif dans tout le relevé de toutes les Paroisses : alors on parlera des censifs principalement, & on les soudivisera par Paroisses, car il faut toujours marquer la Paroisse d'un censif. On commencera donc ainsi: *Partie de mon censif de Vauliard contenue dans la Paroisse d'Onzain. Autre partie de mon censif de Vauliard contenue dans la Paroisse de Santhenay, &c.* Si on prend l'autre parti, on intitulera: *Mes censifs de la Paroisse d'Onzain.* S'il s'en trouve qui s'étendent sur une autre Paroisse, on mettra: *La suite de ce présent censif est enfermée dans l'enclave de ma Paroisse de Santhenay, dans laquelle je donnerai le reste du détail dudit censif.*

III.1. On ne peut se flatter de dresser un aveu entier sans beaucoup de ratures, même avec le secours du relevé par clos; quelque bien en ordre qu'ait été mis ledit relevé, il y a toujours quelque omission dans un censif ou dans un clos, ou quelque omission de noms de clos, de censif ou de vassaux. Une piece si informe ne pourroit être présentée au Seigneur suzerain. Il faut donc en faire un projet, d'après lequel on écrira l'aveu au net. Ce projet d'ailleurs ne sera point inutile, comme il aura été l'original de l'aveu, il lui sera parfaitement conforme, & s'il survient quelque blâme, on sera à portée de vérifier les difficultés qu'on opposera.

III.2. Ce projet d'aveu peut être fait assez promptement, si on met une personne sur le Domaine, une autre sur la féodalité, & une troisieme sur le censif.

III.3. Il faut porter sur ce projet d'aveu les noms des Paroisses & les cottes des plans où sont employés chaque article du Domaine des fiefs, pour l'usage qui sera dit (Partie II. Chap. I. Art. III. N°. II.1.) Il n'est pas pour cet usage nécessaire de prendre lesdites cottes sur ce qui regarde le censif: elles se trouveront dans le relevé d'arpentage par noms de vassaux.

IV.1. L'aveu est presque la seule piece qui fixe l'étendue du Domaine du Seigneur: c'est pourquoi il ne peut en mettre trop exactement le détail dans cet acte authentique. En effet, si l'on considere comment se font les ventes des grosses Terres, sur-tout par les gens prudens, ces actes ne sont presque d'aucune utilité pour établir la consistance du Domaine. On craint qu'en donnant un détail trop circonſtancié, un Acquéreur difficile ne faſſe arpenter le terrain qui lui a été vendu, & qu'alors on ne ſoit reſponſable de ce qui pourroit y manquer, ſoit dans un parc, ſoit dans une Ferme ; on ne veut point s'expoſer à de pareils dommages & intérêts. En conſéquence, on fait vente en général de tout ce qui appartient à la Terre, & ces contrats ne ſont preſque remplis que des énonciations des charges de la Terre que le Vendeur a bien ſoin de donner en grand détail, afin qu'il n'y ait point lieu à répétition contre lui, & en outre des ſtipulations ſur le paiement à faire du prix de ladite Terre. Le Domaine ſi peu connu par ces contrats de vente, ne l'eſt pas davantage par les baux mêmes des Fermes de la Seigneurie : on dit dans le bail, que le Fermier a dit bien connoître la Ferme, & qu'il la prend ainſi qu'elle ſe pourſuit & comporte ; & cela parce qu'on ne veut point en être inquiété par ſon Fermier, & pour éviter une longueur qui augmente les frais de ces actes : car ſouvent une Ferme eſt compoſée d'une aſſez grande quantité de terres éparſes, dont les joignans formeroient un gros cahier. Les Décrets faits par les Seigneurs Acquéreurs de ces Terres, paroiſſent d'abord beaucoup plus propres à établir le Domaine. Chacun des articles doit y être décrit par joignans ; mais 1°. ces Décrets ſont rares, quand les Terres ſont long-tems dans les familles. 2°. Il y a des Pays, comme le Lyonnois, où cet uſage de faire le Décret d'une Terre qu'on acquiert eſt preſqu'entiérement inconnu. 3°. L'Ordonnance veut que tout ſoit compris dans la ſaiſie par tenans & aboutans ; mais combien d'omiſſions & d'inexactitudes dans ces deſcriptions non précédées d'arpentage, qui cependant n'eſt jamais fait par un Seigneur entrant dans une Terre ; il n'auroit pas même le tems de le faire pendant l'année qui lui eſt accordée pour faire ſon Décret.

IV. 2. On peut pour tous les fiefs ſupprimer les joignans muables ; car un plus grand détail ſeroit inutile au Seigneur ſuzerain. Il faut regarder ce principe comme la regle de tous les aveux, & conſidérer que dès que le Seigneur ne peut tirer aucun avantage d'un détail, il ne peut l'exiger. Or, à l'égard des fiefs il n'a pas beſoin des joignans muables : ces joignans ne ſont utiles que quand on peut en conſever la filiation, comme un Seigneur le peut faire à l'égard de ſes propres vaſſaux, & de ſes propres cenſitaires, parce qu'à chaque mutation ils doivent le venir reconnoître, & il peut conſerver ainſi la ſuite de toutes ces reconnoiſſances ſur chaque portion de ſa Seigneurie. Mais le ſuzerain ne peut avoir cette filiation ſur les fiefs de ſes arrieres-vaſſaux. C'eſt ce qui a été remarqué lorſqu'on a traité des extraits des fiefs, ci-devant Chap. II. Art. III. N°. III. 3. On y a vu que le vassal, à l'égard de ses fiefs, qui sont les arrieres-fiefs du suzerain, n'est pas obligé de donner au Seigneur suzerain le détail de tous les changemens arrivés dans ses fiefs ou dans ses censifs, pendant l'intervalle qui s'est écoulé depuis la foi de son prédécesseur dans le fief, jusqu'à la mutation par laquelle ledit vassal est entré dans le fief. Il ne doit à son Seigneur Suzerain que la situation actuelle de ses arrieres-fiefs. Le suzerain qui manque nécessairement de connoissances sur ces mutations intermédiaires, ne peut donc en conserver la filiation. Cela suffit pour être dispensé de lui donner les joignans muables de ces arrieres-fiefs, puisqu'ils ne sont utiles qu'à établir plus distinctement la suite des vassaux ou censitaires. Quand on y sera réflexion, on verra que tout ceci est également vrai pour le Domaine même des vassaux du Seigneur qui rend aveu, comme pour leurs fiefs & arrieres-fiefs. Mais ce qui intéresse le Seigneur suzerain à qui le Seigneur de la Terre rend aveu, ce sont les joignans immuables, parce que c'est ce qui fixe l'étendue de sa féodalité. Cela n'est pas moins intéressant pour le Seigneur même qui rend aveu : c'est aussi pour lui que la féodalité est conservée par ces joignans immuables. Il ne faut donc point oublier de les mettre exactement.

IV. 3. Ce qui a été dit sur l'étendue qu'on doit donner aux fiefs du vassal, décide celle qu'on doit donner au censif du Seigneur. Les mêmes raisons d'inutilité pour le suzerain doivent emporter la soustraction de tous les joignans muables du censif; ce qui abrege beaucoup l'aveu qui sera toujours assez volumineux. Une seule raison pourroit d'abord faire hésiter, c'est qu'il semble que l'aveu ne peut contenir trop de détail, pour, par la publication de cet acte, faire connoître aux Seigneurs voisins les prétentions du Seigneur qui rend aveu pour l'étendue de son censif. Mais il faut considérer que ces joignans muables n'ajoutent rien à la connoissance que ces Seigneurs voisins ont intérêt d'avoir exacte. La circonscription de censif prétendue par le Seigneur qui rend aveu, est celle qui est fixée par les joignans immuables. Le nom d'ailleurs du censitaire que le Seigneur rendant aveu déclare comme mouvant, indique suffisamment aux Seigneurs voisins l'étendue de sa prétention. Car à l'égard de ce censitaire, il réclame comme étant dans sa censive, la totalité de la piece de terre que ce censitaire possede près de tel tenant immuable; il n'y a là aucune équivoque; les joignans muables n'ajouteroient point de clarté à cette déclaration de censif. Si l'on a, au reste, besoin d'avoir recours à ces tenans muables, ils se trouveront dans les déclarations fournies par les censitaires, & seront aisés à retrouver par la

feuille

feuille du cenſitaire dans le cueilloir, dont il ſera fait mention dans la ſeconde Partie de cet Ouvrage.

IV.4. Il feroit extrêmement commode de rendre un aveu par ſimple circonſcription, cela épargneroit tous les joignans de l'intérieur de la Seigneurie; mais cette circonſcription eſt inutile & dangereuſe, tant que les Seigneurs voiſins ont des cenſifs mêlés dans l'intérieur de cette circonſcription. Cela ne peut d'ailleurs avoir lieu, ni ſur le Domaine, ni ſur les fiefs, ce ne peut donc être que pour le cenſif; mais ſi on le deſire pour ſoi, il faut auſſi l'admettre pour les vaſſaux. Alors on connoît mal par leurs aveux la valeur de leur cenſif, à moins qu'on ne s'en tienne à la ſomme totale des deniers de cens, telle qu'elle eſt ordinairement énoncée en tête ou à la fin du cenſif. Cette connoiſſance eſt néceſſaire pour la ventilation du fief & le paiement des profits. Enfin, un aveu par circonſcription ne peut ſervir aux vaſſaux: la publication que le Seigneur fait faire de ſon aveu forme un titre, tant pour lui que pour ſes vaſſaux & cenſitaires, lorſqu'il le fait publier. Il ne peut au contraire les aider dans le cas d'un aveu rendu par ſimple circonſcription. Il ne peut fournir à ſes cenſitaires que leurs déclarations; mais ces déclarations ne ſont point publiées, & dès lors ne peuvent ſervir de titres, à moins qu'il n'y en ait trois ſur le même objet. C'eſt donc une bonne choſe d'être circonſcrit, mais ce n'eſt pas une choſe avantageuſe de rendre aveu par circonſcription.

V.1. Tout vaſſal, & par conſéquent le Seigneur même vis-à-vis de ſon ſuzerain, doit juſtifier la propriété du fief. Le Seigneur n'eſt pas obligé de le recevoir à foi, qu'il ne lui ait exhibé le titre de ſa poſſeſſion. C'eſt ce qui eſt décidé par l'Art. 10 de la Coutume: « Et quand le vaſſal va » devers ſon Seigneur pour lui faire la foi & hommage de l'héritage qu'il » tient de lui en fief, il eſt tenu de montrer & exhiber à ſondit Seigneur » de fief les Lettres de ſes acquêts, & comment il a l'héritage, ſoit par » vente, permutation, ou échange, bail à rente, donaiſon, ou autre» ment ». Il faut ajouter à cela les extraits mortuaires en cas de ſucceſſion, & les avis de parens qui certifient que le vaſſal qui ſe préſente eſt ſeul & unique héritier, ou qui déclarent les noms des cohéritiers. Ce titre doit être énoncé dans l'acte de foi, mais on ne peut forcer le vaſſal à fournir de titres de propriété pour chaque partie de ſon Domaine. Il ſuffit qu'il ait acquis la totalité du fief; dès lors toutes les Fermes, prés, bois, vignes, étangs qui en dépendent lui appartiennent. On a vu dans ce même Chapitre, N°. IV.1. qu'il eſt preſqu'impoſſible d'avoir des titres de propriété qui frappent sur toutes les parties de la Terre distinctement.

V.2. Les titres du Seigneur pour prouver la féodalité sont les aveux fournis par les vassaux dudit Seigneur, arrieres-vassaux du suzerain; il doit les représenter quand ledit suzerain exige un nouvel aveu. Voyez ci-devant, Chapitre V. Art. II. Sect. I. N°. III.2.1. que les Seigneurs ne doivent demander que rarement de nouveaux aveux quant à la féodalité qui appartient à leurs vassaux, mais seulement la souscription aux anciens aveux, n'ayant nul intérêt de fatiguer leurs vassaux en leur demandant le détail actuel des arrieres-fiefs.

V.3. A l'égard du censif, ce sont les déclarations des censitaires du Seigneur, arrieres-censitaires du suzerain, qui font la preuve de l'aveu. Mais voyez même N°. coté ci-dessus, qu'il y a mêmes motifs pour ne point exiger fréquemment un détail nouveau du censif. Si le suzerain admet cette partie de l'aveu conforme à l'ancien aveu, il n'est point nécessaire de lui présenter des pieces justificatives.

VI.1. Les Seigneurs suzerains doivent savoir les immenses opérations qui doivent précéder la confection d'un nouvel aveu d'une Terre considérable par ses mouvances. Si l'animosité ou quelque autre cause les empêche de donner les délais nécessaires, il faut se pourvoir au Conseil ou en la Chambre des Comptes, & on y obtient facilement un premier délai de deux années, & un second d'un an s'il est nécessaire; mais cela ne le sera pas si on procede aux opérations susdites avec la promptitude qui a été décrite ci-dessus; ce qui est très-possible. Après le préambule expositif de la Requête, le dispositif de cet Arrêt est conçu en ces termes. « Le Roi étant en son Conseil » a accordé & accorde au Suppliant ledit délai de deux années pour fournir » l'aveu & dénombrement de la Terre & Comté de Rostaing-Bury, & cependant fait Sa Majesté, par provision, main-levée de la saisie féodale » qui a été faite de ladite Terre, à la Requête de . . . . . Fait au Conseil d'Etat du Roi, Sa Majesté y étant, tenu à . . . . . le . . . . . ». M. le Comte de Bury avoit obtenu un pareil délai le 16 Juin 1716.

VI.2. Quand le suzerain presse trop vivement après ces délais, on lui rend l'aveu conformément à l'ancien aveu, & on y joint les protestations suivantes (elles sont tirées d'un aveu de Bury rendu au Roi en 1460). « Et » parce que je suis contraint & hâté par votre Procureur de vous bailler » promptement ce présent aveu; car attendu qu'il ne soit encore neuf » mois accomplis que feu N. ma Dame & mere, en son vivant Dame de » ladite Terre, est décédée, & que le 17 du mois dernier passé, il vous

» plut de votre bénigne grace me recevoir à foi & hommage de madite » Terre, laquelle bientôt après votredit Procureur fit saisir & mettre en » votre main par défaut d'aveu non baillé, & sous icelle votre main régir » & gouverner, prendre, & lever les fruits & revenus d'icelle Terre, » même a convenu prendre ce que Monseigneur & pere, lui étant Seigneur » d'icelle Terre, en avoit paravant fait faire sans rien y muer ni changer, » en quoi sont encore écrits les noms de ses vassaux, pendant lequel tems » ne m'a été possible faire trier mes hommages, ne recueillir mes aveux, » pourquoi m'a été nécessité ainsi le faire: si proteste que ce ne me puisse » ou doive nuire ou préjudicier aucunement, ne que pourtant soie tenu » vous bailler autre déclaration que cette présente, sauf toutes fois qu'il » vous plût de votre bénigne grace me donner nouveau repi, comptant de » faire refaire ledit aveu, & me laisser encore cettui an, en levant votre » main de madite Terre, je le ferai récrire, & mettre au net en la plus » belle, meilleure & honnête forme qu'il me sera possible. *Item*, je pro- » teste que en ce présent aveu soit aucune chose contenue qu'aucuns de » mes vassaux ont baillé par aveu à mondit Seigneur & pere qui ne sont » tenus de moi, ou qui dérogent ou diminuent leurs droits qu'il ne leur » puisse ou doive valoir, ne à moi nuire ne préjudicier ».

VII. Les aveux sont la seule piece détaillée du Domaine du Seigneur. (Voyez IV.1.) A cet égard le Seigneur ne peut que desirer de multiplier les titres qui peuvent lui en assurer la propriété. Il doit donc toujours donner l'état actuel de son Domaine pour le renouvellement de l'aveu; à l'égard de son censif & de ses vassaux, il peut demander la même grace qu'il accorde à ses vassaux. (Voyez ci-devant Chapitre V. Art. II. Sect. I. No. III.2.)

VIII.1. Pour qu'un aveu devienne une piece utile au Seigneur, il ne faut pas qu'il soit connu du suzerain seul; le défaut de blâme de la part du suzerain, pourroit rendre l'aveu péremptoire contre les mauvaises contestations que le suzerain voudroit former, mais il ne seroit d'aucune conséquence contre les vassaux dénommés dans l'aveu, ni contre les Seigneurs voisins qui prétendroient dans leur mouvance des héritages compris par l'aveu dans celle du Seigneur avouant. Il faut donc leur en donner une pleine connoissance, par la publication dans toutes les Paroisses sur lesquelles s'étend la mouvance de la Terre.

VIII.2. Le Seigneur doit faire, lors des publications de son aveu, mettre une copie dudit aveu chez tous les Curés, dans les Paroisses desquels les efs s'étendent, & faire annoncer aux prônes par les Curés, ou à l'issue des Messes Paroissiales par un Sergent, le dépôt de l'aveu en la Maison presbytérale. Le 30 Août 1691, le Seigneur de Chaumont ayant manqué à cette formalité, la Dame d'Onzain exposa à la Chambre des Comptes de Blois, qu'elle avoit envoyé chercher chez les Curés ledit aveu pour y voir ce qui pouvoit l'intéresser; mais que les Curés de Veuves & d'Onzain lui avoient déclaré ne l'avoir pas: sur ladite Requête, Arrêt dudit jour, qui ordonne que » l'Arrêt du 15 Juin dernier sera exécuté; ce faisant, & faute d'avoir » par lesdits Seigneurs de Chaumont fait déposer leur aveu lors de la pu- » blication aux Presbyteres de Paroisses où les Terre & Seigneurie de Chau- » mont sont situées, il sera de nouveau publié par trois Dimanches consé- » cutifs dans lesdites Paroisses, & certificat rapporté que ledit aveu leur a » été mis entre les mains, & par eux annoncé à leurs prônes, avec aver- » tissement d'en venir prendre communication par telles personnes qui y » seront intéressées, & faire telles dépositions qu'elles aviseront bon être ». Cette opération, qui retient l'aveu pendant trois semaines dans chaque Paroisse, est, comme on voit, très-longue, quand il y a grand nombre de Paroisses sur lesquelles s'étend la mouvance de ladite Terre. Pour abréger, on pourroit faire faire plusieurs copies collationnées de l'aveu, afin de le faire publier concurremment en plusieurs endroits.

IX. 1. L'aveu étant composé du détail du Domaine, de la féodalité & du censif, la premiere partie ne pourra gueres être contestée, parce qu'elle sera faite d'après les titres éclairés par l'arpentage, & appuyés d'une possession actuelle. Pour que les Seigneurs suzerains des moindres parties du Domaine ne puissent point faire opposition au grand aveu, comme reportant au Roi choses qui seroient de leur mouvance, il faudroit, avant ce grand aveu, rendre aveu à ces Seigneurs. La féodalité ne pourra être contestée par les vassaux, puisque ce sera la copie de leurs propres aveux; mais elle pourra être contestée par les Seigneurs leurs voisins, dont le suzerain ignore les prétentions à l'égard des fiefs de ses vassaux. Aussi doit-on bien prendre garde à ne point admettre trop légérement les prétentions des vassaux dans leurs aveux, encore que ces prétentions ne blessent point le suzerain; car elles l'exposent à voir l'aveu qu'il rend lui-même, contredit par les voisins du vassal, lorsqu'il vient à faire publier sondit aveu. Il faut donc, autant qu'il est possible, que les aveux des vassaux soient conformes aux anciens actes qui sont dans le chartrier, parce qu'en cas de contestations de la part des Seigneurs voisins des vassaux, on pourra aider ses vassaux & défendre son propre aveu par les anciens titres de la Terre. Enfin, la troisieme partie de l'aveu, le censif, ne pourra non plus être contredite par les censitaires, puisqu'il sera en cette partie aussi la copie de leurs déclarations. Mais elle pourra être contredite par les Seigneurs voisins qui pourront prétendre que les héritages compris dans le censif, sont de leur propre censif ; à cet égard, les contradictions sont moins à craindre ; c'est un grand titre pour enfermer un héritage dans son censif, que de le trouver dans sa propre Paroisse. Cette partie sera plus difficile à appuyer pour les censifs qui sont placés dans des Paroisses étrangeres ; mais elle sera alors étayée des déclarations précédentes, fournies par les censitaires, & on n'a dû rien hasarder à l'égard de ces censifs étrangers.

Nota. Que les Seigneurs-Vassaux ne pourront contredire cette portion de l'aveu comme contenant des héritages qui seroient de leur censif : car l'étendue de leurdit censif aura été fixée par le blâme ou la réception & vérification de leurs aveux faits avant la formation de l'aveu que le suzerain rendra aux Seigneurs voisins.

IX.2.1. S'il arrive contestation, & que la Partie adverse ait des titres, il faut examiner les joignans, pour voir s'il y a identité dans l'héritage sur lequel on est attaqué ; prendre garde principalement s'il y a contradiction entre les joignans immuables, comme bois, rivieres, chemins : quand ce seroit les mêmes noms, il faut voir si ces joignans sont du même côté. Un titre qui donne une riviere pour joignant du côté de galerne, ne prouve rien par sa réunion avec d'autres titres où cette riviere est marquée être le joignant du côté de solerne. Si cette riviere est le seul joignant immuable commun, cela ébranle beaucoup les inductions avantageuses que la Partie adverse en voudroit tirer pour rapprocher ce titre des autres dont elle se veut servir pour étayer sa prétention.

IX.2.2. Lorsque les titres ne sont rapportés que par copies collationnées, ils prouvent très-peu, à moins que la collation n'en ait été faite contradictoirement ; il faut alors demander communication des titres originaux pour connoître s'ils sont en forme ou informes.

IX.2.3. Il faut voir si les bornages produits par la Partie sont contradictoires avec les Seigneurs intéressés à ces bornages, ou s'ils y ont été appellés.

IX.2.4. Quelquefois on se défend sur ce que préalablement il devroit y avoir une pleine & entiere connoissance des limites des Seigneuries près lesquelles se trouve l'héritage contesté ; mais cette défense est dangereuse, sur-tout si on a affaire à gens processifs ; car c'est le moyen d'élever une multitude de contestations au lieu d'une seule.

IX.2.5. A son égard, le Seigneur doit produire les titres les plus certains & les plus authentiques qu'il ait, après les avoir bien examinés, pour voir s'ils ne renferment rien de contraire à la prétention qu'il veut établir ; mais il en faut produire le moins qu'il eſt poſſible, parce qu'il ſe gliſſe tant d'erreurs dans les titres, & ceux qui les reçoivent y prennent ſi peu garde, que ſouvent ils nuiſent plus par leurs contradictions, qu'ils ne ſervent & ne ſont utiles par leurs énoncés.

IX. 2. 6. Quand le Seigneur n'a pas de titres ſuffiſans pour établir ſa mouvance ou même ſa propriété, il faut en demander au Seigneur ſuzerain, & pour l'y contraindre, l'attaquer en reſtitution des profits qu'il a perçus aux mutations du fief, à raiſon du droit qui eſt conteſté. Il eſt obligé alors d'exhiber tous les titres qu'il poſſede, juſtificatifs du droit de ſon vaſſal qui ſouffre la conteſtation. Car l'aveu du vaſſal fait foi de l'étendue des droits & des héritages qui compoſent le fief dont le Seigneur a reçu les profits.

CHAPITRE SEPTIEME.

La confection du Papier-Terrier, & la conformation des plans aux Titres.

ARTICLE I.

La confection du Papier-Terrier.

I. *Ce que c'est que Papier-Terrier.*
I.1. Quid, *à l'égard du Domaine.*
I.2. Quid, *à l'égard des fiefs.*
I.3. Quid, *à l'égard du censif.*
II. *Quand il doit être dressé.*
III. *Par qui.*
IV.1. *Copie de pieces en tête du Papier-Terrier.*
IV.2. *Que tous les actes soient écrits de suite & sans aucun blanc.*
IV.3. *Tous les actes doivent être écrits dans leur ordre chronologique.*
V. *Si toutes les copies des actes doivent être mises dans le même registre.*
VI. *De l'authenticité qui doit être donnée aux Terriers.*
VII. *D'un terrier dont les actes seroient originaux, & signés des vassaux & censitaires.*

I. LE Papier-Terrier est une copie authentique de tous les actes domaniaux, féodaux ou censuels, qui intéressent une Seigneurie.

I.1. Le Papier-Terrier à l'égard du Domaine, n'est que la copie de ce qui en a été inséré dans l'aveu. L'Auteur du Traité de la Confection, &c. pag. 190, enferme le Domaine dans l'idée du Terrier. Il comprend, dit-il, généralement tout le Domaine patrimonial d'un Fief, Terre & Seigneurie, & universellement tous les cens. On a admis cette idée sous le titre *de Terrier Domanial*, quoiqu'elle n'ait aucun trait avec les Lettres de Papier-Terrier, qui ne sont que pour contraindre les vassaux à reconnoître le Seigneur. Il n'en a aucun besoin pour son propre Domaine. Néanmoins cette copie authentique de son aveu étant une piece probante pour établir son Domaine, & un vrai titre de sa Terre en ce qui touche le Domaine, on l'a appellé *Terrier Domanial*. Ce Terrier Domanial comprend tous les droits honorifiques du Seigneur, tels qu'ils sont décrits dans son aveu.

I.2. A l'égard des fiefs, c'est la copie par ordre chronologique de tous les actes de foi & hommage, aveux & dénombremens rendus pour chaque fief, lors seulement de la Rénovation du Terrier.

I.3. A l'égard du censif, c'est la copie de toutes les déclarations des censitaires.

II. A mesure que les aveux & déclarations sont vérifiés & signés, le Notaire doit en délivrer une copie aux vassaux ou censitaires, s'ils la requierent, & inscrire l'autre sur le Papier-Terrier féodal, ou sur le censuel; IV.2. & les mettre toutes, ainsi de suite, & sans aucun blanc.

III. Il faut que la copie des actes, qui doit former le Terrier, soit collationnée & signée du Notaire, qui par les Lettres a été établi pour dresser le Papier-Terrier.

IV.1. Il ne faut pas omettre de porter sur le premier feuillet du Terrier féodal :

1°. Les Lettres de Terrier en forme de Commission obtenues au Grand Sceau.

2°. La Requête donnée au Juge Royal par le Seigneur, pour demander le renvoi des Lettres de Terrier pardevant le Bailli du lieu.

3°. L'Ordonnance du Juge Royal, portant délégation de l'exécution des Lettres de Terrier au Bailli de la Seigneurie.

4°. Le Réglement portant tarif fait par le Juge Royal, des droits qui doivent être payés aux Officiers de la Seigneurie qui travailleront au Terrier.

5°. Le Jugement d'enregistrement au Greffe du Siege Seigneurial, des Lettres de Terrier, Ordonnance, & Réglement du Juge Royal.

6°. Les publications, affiches, & certificats d'icelles des Curés & Syndics des Paroisses, & Huissiers des Sieges bien & duement contrôlés.

Ensuite on met les aveux.

Il n'est pas nécessaire de recopier toute cette procédure sur le Terrier censuel.

Dans le cas où le Terrier auroit été discontinué pendant un an, il faudroit inscrire dans ce registre les Lettres de surannation, les Jugemens & publications intervenus sur icelles Lettres, dont est fait mention ci-devant, Chap. IV, Art. I. N°. III.10.

IV.2. Voyez II. ci-dessus.

IV.3. Tous les actes doivent être rangés dans le Terrier selon leur ordre chronologique, afin d'être facilement retrouvés par leur seule date, & sans table.

V. Il faut faire autant de volumes qu'il y a d'objets, domanial, féodal, & censuel; trois, un pour chacun d'eux, parce que ces volumes ont besoin d'être d'être continués. Au volume du Domaine, on ajoutera les nouveaux détails à mesure qu'il y aura de nouveaux Seigneurs & de nouveaux aveux. Au volume des fiefs, on ajoutera les nouveaux détails des actes de foi & hommage, aveux & dénombremens qui par la suite seront rendus par les vassaux, en les tenant toujours dans un même registre authentique. On conservera beaucoup mieux ces pieces que par des copies collationnées sur feuilles volantes. Il en est de même du volume du censif ; on y inscrira toutes les déclarations des censitaires ; le tout par ordre chronologique.

VI. Si on vouloit, outre la signature du Notaire sur chacune des pieces inscrites au Terrier, donner encore une plus grande authenticité à ces actes, on pourroit aussi, comme cela se fait en quelques Pays, les munir d'une Sentence du Juge, qui après les avoir collationnées, joindroit un acte général de réception.

VII. On pourroit absolument exiger que les actes fussent inscrits par le Notaire sur le Terrier, en présence des vassaux & censitaires, & qu'ils fussent signés sur le Terrier par lesdits vassaux & censitaires. Cela donneroit des originaux au lieu de simples copies collationnées ; on y pourroit forcer les vassaux ; mais alors ils seroient nécessités d'attendre l'inscription sur le Terrier ; & souvent s'ils venoient en foule, on seroit obligé de renvoyer plusieurs fois des gens qui viennent de fort loin, faute de tems pour inscrire toutes les déclarations de tous ceux qui se présenteroient ; c'est un grand inconvénient & c'en est aussi un pour le Terrier ; car ces gens ne reviennent plus de long-tems, & seulement quand leurs affaires le leur permettent. Il faut même les fatiguer quelquefois de procédures pour les tirer de chez eux & les ramener pour une signature. Quelquefois les gens meurent, ou on se lasse de les harceler ; le Terrier reste imparfait à cet égard.

C'est un mal assez grand pour qu'on dût en ce cas se désister de l'ordre chronologique. Si on s'en désiste, le desir d'avoir des pieces originales dans son Papier-Terrier peut avoir son exécution ; on inscriroit d'avance toutes les déclarations dans le registre, par ordre alphabétique, des noms de censitaires ; moyennant cet ordre alphabétique, quand ils viendroient, on retrouveroit sur le champ leurs actes, on leur en feroit la lecture, & ils souscriroient : cela formeroit un Terrier composé de pieces originales. Mais si malgré toutes les précautions qu'on auroit prises pour faire des projets exacts de déclaration, il se trouve cependant des changemens à faire qui soient tant soit peu considérables, on aura le désagrément de faire une multitude de ratures dans ce registre sur chacune des déclarations des censitaires. Si on ne s'embarrasse pas de cet inconvénient, on peut prendre ce parti en faisant bien parapher tous les changemens. Cependant les additions seront toujours assez embarrassantes. Un seul article ajouté avec ses joignans, tient de la place dans un acte à qui l'on n'a donné qu'une juste étendue. Cela pourra donner plus d'embarras qu'on ne pense. Si on s'en tient à la copie collationnée de toutes les minutes, l'on fera un Terrier très-propre, chronologique, & d'ailleurs aussi authentique : car on peut, comme il a été dit, le faire collationner & recevoir par le Juge, outre les Notaires.

ARTICLE II.

La conformation des plans aux titres.

On sait maintenant ce qui dans les clos arpentés est Domaine, fief ou censif; on peut alors faire les plans au net, & marquer de couleurs différentes ce qui est au Seigneur, à ses vassaux & à ses censitaires, ou aux Seigneurs voisins. On peut, si l'on veut, faire des divisions par censifs, pour répondre aux aveux fournis aux Seigneurs suzerains de la Terre, & voir d'un coup d'œil l'étendue d'un terrain ordinairement soumis à des droits uniformes de cens à cherprix, terrage, ou autre telle imposition qu'il a plu aux Seigneurs prédécesseurs d'imposer à ces héritages lors de la concession qu'ils en ont faite. On circonscrit les clos, comme il a dû être fait sur le brouillon des cartes avant le relevé d'arpentage par clos, & qu'il est dit ci-devant, Chap. III. N°. III. 1.[1] par différentes couleurs, & l'on distingue aussi ce qui est Domaine, fief ou censif, d'avec ce qui appartient aux Seigneurs voisins; cela peut se varier au gré du Seigneur. On a vu que cela a été compris dans le marché de l'Arpenteur, on le fait exécuter quand & de la maniere dont on le juge à propos.

La distinction par clos & censifs doit être faite de maniere que l'œil discerne sur le champ ce qui est clos ou censif. Cela est aussi aisé qu'utile. Il suffit de faire de deux lignes de large les traits qui séparent les clos; ceux qui séparent les censifs, de six lignes de large; ceux qui font la circonscription des Paroisses, d'un pouce de large. Ces grandes bandes de couleur valent beaucoup mieux que les lavis généraux répandus sur la totalité des plans, ils ne font que les obscurcir quand ils ne sont pas placés avec beaucoup de légéreté, & d'ailleurs sont gênans pour donner deux indications sur un même terrain. Ainsi, lorsqu'un clos est de deux censifs, si on le couvre tout entier de couleur pour indiquer toute l'étendue du clos, comment indiquera-t-on sa division entre les deux censifs? Si au contraire on ne fait qu'une circonſcription par un trait de deux lignes de large, la bande de ſix lignes indicative du cenſif ſe plongera & s'avancera autant qu'il eſt néceſſaire dans le clos circonſcrit, ſans y apporter aucune confuſion : de même ſans confuſion les bandes d'un pouce limitatives des Paroiſſes couperont, où il ſera néceſſaire & ſans nuire en aucune maniere, les bandes des cenſifs qui s'étendent dans pluſieurs Paroiſſes. Faute de cette petite attention, on fait des plans ſans fin pour avoir ſéparément chaque cenſif, peine abſolument inutile, en ſuivant le projet qui vient d'être décrit. Si on vouloit auſſi diſtinguer d'un coup d'œil tout ce qui eſt domanial, féodal ou cenſif, cela eſt fort aiſé ſans mettre dans le plan la moindre confuſion : on marquera les articles du cenſif d'une ſimple croix, ceux des fiefs d'une double, ceux du Domaine d'une triple. Il ne faut pas que ces croix ſoient de plus de deux lignes & demie de hauteur, cela eſt ſuffiſant, & elles ne gâteront pas la netteté de l'ouvrage.

ARTICLE III.

Plantations de bornes.

Quand toutes ces opérations ſont finies, il faut, pour la conſervation du Domaine dont le Seigneur étoit en poſſeſſion paiſible, planter des bornes pareilles à celles qui auront été miſes en vertu de Jugemens ou de tranſactions dans les terrains litigieux ; c'eſt la meilleure maniere de conſerver ſa propriété. Les décrets & les aveux mêmes ne prouvent l'étendue du terrain domanial qu'autant que les voiſins n'auroient point de titres au contraire. Ces actes, faute d'oppoſition, ne pourroient leur nuire à la préſence de leurs titres ; les bornes étant au contraire éternelles, s'oppoſent à l'invaſion du terrain domanial. Une invaſion pourroit être ſuivie de vente, & deviendroit par le laps du tems un titre de bonne foi entre les mains d'un nouveau propriétaire, & contre un pareil titre les décrets & aveux ſont invalides. Il eſt donc bon d'avoir des décrets ; il eſt bon de faire publier des aveux ; mais il faut appuyer l'un & l'autre de plantations de bornes.

SECONDE PARTIE.

LA MANUTENTION DU TERRIER.

CHAPITRE PREMIER.

Faire les extraits de toutes les pieces nouvelles du Domaine & des Fiefs qui viennent d'être faites lors de la rénovation du Terrier. Dresser un cueilloir pour le censif. Etablir la conférence réciproque des plans de l'arpentage, du Terrier pour le Domaine & les Fiefs compris audit arpentage, & du cueilloir pour le censif.

ARTICLE I.

Faire les extraits de toutes les pieces nouvelles du Domaine & des Fiefs qui viennent d'être faites lors de la rénovation du Terrier.

IL ne suffit pas d'avoir mis en ordre toutes les connoissances qu'on a tirées des anciens titres de la Terre, & de ceux qui ont été exhibés par les vassaux lors de la rénovation du Terrier, en portant sur des feuilles rangées dans l'ordre alphabétique tout ce qu'on a découvert sur le Domaine, fief ou censif: il faut tirer également partie des pieces qui viennent d'être faites avec tant de travail: il faut en faire le même dépouillement que des anciennes pieces, afin que chaque partie du Domaine puisse profiter de l'avantage qu'elle peut tirer de l'aveu qui vient d'être rendu; que la possession des mouvances soit confirmée par le reportement des nouveaux aveux des vassaux sur chacun des fiefs, & que le censif soit aussi fortifié du détail des nouvelles déclarations.

I.1.1. Il n'y a de nouvelle piece à l'égard du Domaine que l'aveu lui-même, ou, ce qui est la même chose, le premier volume du Terrier qui est la copie authentique de l'aveu en partie. Il faut faire l'extrait de ce volume domanial, comme on l'a fait des anciens aveux des Seigneurs.

I.1.2. Au lieu de citer aveu, on citera *Terrier domanial.*

I.1.3. L'extrait de ce Terrier se portera pour chaque article à la suite des anciennes feuilles d'extraits des parties domaniales.

I.2. Les pieces nouvelles des fiefs sont les actes de foi, aveux & dénombremens fournis par les vassaux : ils se trouvent tous réunis dans le volume du Terrier féodal. Les extraits s'en font, se placent, & se citent, comme il vient d'être dit sur le Domaine, à la suite des anciennes feuilles d'extraits des fiefs, & en citant le Terrier féodal.

I.3. Les pieces nouvelles du censif sont les déclarations fournies par les censitaires, & copies collationnées faites d'icelles dans le volume du Terrier censuel. Il ne s'agit plus maintenant de faire des extraits de ces pieces, & de réunir sur les mêmes clos, les connoissances éparses dans les différens titres ; il faut faire un usage tout différent de ces nouvelles déclarations. Elles s'inscrivent toutes dans un registre qu'on appelle *cueilloir*, parce qu'il sert aussi à recueillir tous les droits censuels de la Terre. Ce cueilloir tenu exactement, devient lui-même une piece intéressante pour la Seigneurie, & fait preuve de la possession des droits dont il contient la perception. Dumoulin, sur l'ancienne Coutume de Paris, §. 5. N°. 17. demande qu'ils soient arrêtés chaque année de recette, par un ou deux Notaires ou Personnes publiques, parce que tels actes sont censés publics. La forme du cueilloir qui va être décrit, demanderoit en ces cas des paraphes de Notaire sur chaque article de recette ; ce n'est pas un grand inconvénient.

ARTICLE II.

Dresser un cueilloir pour le censif.

feuille de ce même censitaire dans le relevé d'arpentage.

IX.1. *Le cueilloir est un peu difficile à tenir dans le Blaisois, à cause de la multitude des objets; mais c'est tout perdre que de ne le pas suivre exactement.*

IX.2. *Quelques-uns plus faciles, mais inutiles & toujours abandonnés.*

I.1. Le registre ou cueilloir doit être *in-folio*, sur de grand papier de compte, sur-tout dans les pays vignobles où les terrains sont partagés en une multitude de petits articles.

I.2. Il faut le faire régler de la même maniere que la feuille qui en est donnée pour modele ci-derriere, en trois colonnes, une grande au milieu pour y placer les biens par joignans, & autres choses qui seront ci-après déclarées; deux autres petites d'un pouce & demi seulement, égales entr'elles, dont on décrira l'usage. Enfin, quatre marges, l'une en haut assez large pour y inscrire le nom du censitaire, ses demeure & qualités; elle doit avoir au moins un pouce & demi; la marge collatérale qui est sur le bord du livre, n'a besoin de largeur que pour pouvoir être tranchée par le Relieur, huit lignes lui suffisent: celle du bas de la feuille n'a de même besoin que de la largeur nécessaire pour être ébarbée; cependant on laisse toujours à cette marge plus qu'aux collatérales, elle doit avoir un pouce. Celle du fond ne peut avoir moins d'un pouce & demi. Il n'y a rien de si difficile que d'écrire dans le fond d'un registre, il faut toujours que cette marge soit grande. Si le papier de compte est plus grand que cette feuille, il faut que ce soit la grande colonne du milieu qui en profite, les autres suffiront toujours bien pour contenir ce qui leur est destiné. A l'égard de la grande colonne, plus elle sera large, moins les joignans emporteront de terrain en longueur, & il y aura moins de pages au volume pour un même nombre de censitaires.

I.3. Il faut coter ce registre, & pour bien faire, le parapher par premier & dernier, d'un bout à l'autre; comme on peut quelquefois avoir besoin de trois pages pour un censitaire, le rang des *folios* seroit dérangé, & dans les renvois il faudroit exprimer si c'est le *recto* ou le *verso*; il vaut donc mieux coter par pages que par *folio*. Ce n'est point trop d'avoir quatre chiffres à écrire, soit pour les renvois des différens endroits du cueilloir, soit pour ceux de la Table alphabétique. On peut donc coter les pages des volumes du cueilloir de suite jusqu'à 10000 inclusivement s'il en est besoin; il n'y aura que cette derniere page qui aura cinq chiffres, les autres n'en auront que quatre. Au moyen de cette longue cote, il n'y aura jamais besoin

MODELE DU CUEILLOIR. **JACQUES THOUZARD,** × 210.

Vigneron, demeurant à Asnieres, Paroisse d'Onzain.

Par contrat du 30 Septembre 1743, a acquis de Jacques Tricoreau, de la page 150, devant . . . . Notaire à . . . . . le . . . .

9 Mars 1753, par mort a passé à Philippe Thouzard, page 240.	1°. Une chambre & ses appartenances à la Goujonniere, censif de Carie, Paroisse d'Onzain, joignant d'amont à Jacques Resneau, d'aval à Jeanne Resneau sa fille, de galerne audit Resneau, & de solere à Jean Mousniere, doit 4 sols de rente & une poule. A. 10. (*Veut dire Plan A, N°. 10*).	Déclaration. A fourni le 30 Octobre 1744. Profits. 4 liv. A payé le 30 Oct. 1744.
Par mort a passé à Charles Thouzard, p. 242.	2°. Une demi-boisselée de terre audit lieu, censif & Paroisse, joignant d'amont à Jean Mouniere, d'aval à ladite Jeanne Resneau, de galerne à Jacques Resneau, de solere audit acquéreur, doit 8 sols de rente & trois poules. A. 11.	
Par mort a passé à Catherine Thouzard, p. 244.	3°. Deux boisselées de jardin audit lieu, censif & Paroisse, joignant d'amont audit acquéreur, d'aval à ladite Jeanne Resneau, de solere à la traite de la Goujonniere à Champronniere, de galerne à la fosse dudit lieu. A. 12.	Saisies & main-levées. S. 1°. 3°. 5°. 4 Décembre 1743. M. 30 Octobre 1744.
Par échange du 26 Juin 1750, a passé à René Franquieres, p. 260.	4°. Un quart d'arpent de vigne audit lieu, censif & Paroisse, joignant de solere & d'amont audit acquéreur, de galerne & d'aval à Jacques Resneau. A. 14.	S. 4°. 5°. 5 Juillet 1745. M. 10 Juillet 1745.
Le 4 Juin 1747, a vendu 1 arpent à Michel Trinquart, p. 230. L'autre a passé par mort à Catherine Thouzard, p. 244.	5°. Deux arpens de terre à la Massonniere, censif de Bury, Paroisse de Santenay, joignant d'abas audit acquéreur, d'amont à Jean Mouniere, de galerne à Jacques Fouriaut & au chemin d'Onzain à Saint-Etienne, & de solere audit Resneau. B. 15.	S. 3°. 4°. 6 Août 1748. M. 9 Août 1748.

Doit en total.

	Cens.	*Rentes.*	*Poules.*	*Amendes*, &c.	&c.	&c.
	10 d.	12 s.	4.			
1744,	a payé.	Payé.	Payé.	Payé 3 l.		
1745,	a payé.	Payé.	Payé.	Payé 3 l.		
1746,	a payé.	Payé.	Payé.	N'a dû.		
Ne doit que	6 d.	12 s.	4.			
1747,	a payé.	Payé.	Payé.	N'a dû.		
1748,	a payé.	Payé.	Payé.	N'a dû.		
1749,	a payé.	Payé.	Payé.	N'a dû.		
1750,	a payé.	Payé.	Payé.	Payé 3 l.		

JACQUES TOUZARD.

221 ×

Par contrat du 26 Juin 1750, a acquis de René Franquieres, de la page 120, tant par échange qu'autrement, devant . . . . . Notaire à . . . . .

Le 9 Mars 1753, par mort a passé à Philippe Touzard, page 240.

6°. Deux boisselées de pré près la Champronniere, censif de Vauliard, Paroisse de Saint-Etienne-des-Guerets, joignant d'amont à Jean Mouniere, d'abas Jeanne Resneau, de galerne à Ambroise Tessier, de solere à Pierre Aujourant, à terrage à la sixieme gerbe, doit 4 sols de rente & deux poules. D. 4.

Déclaration. A fourni le 30 Juillet 1752. Profits. 6 liv. A payé le 21 Juill. 1752.

Par mort a passé à Charles Touzard, page 242.

7°. Une boisselée de terre aux Phesneaux, censif de la Gellerie, Paroisse de Chambon, joignant de solere à Ambroise Tessier, de galerne à Jeanne Resneau, d'abas au chemin de Marquoy à Amboise, d'amont audit acquéreur. E. 6.

Par mort a passé Catherine Touzard, p. 244.

8°. Quatre boisselées de terre près la Goujonniere, censif de Carie, Paroisse d'Onzain, joignant de solere audit acquéreur, de galerne à ladite Jeanne Resneau, d'amont & aval audit acquéreur, une traite entre deux vers aval, doit 4 sols de rente. A. 17.

Saisies & main-levées. S. 6°. 7°. 8°. 15 Août 1751. M. 30 Juillet 1752.

Par mort à Philippe Touzard, moitié page 240, l'autre moitié à Catherine Touzard, p. 244.

9°. Quatre boisselées de terre à la Guillonniere, censif de Carie, Paroisse de Saint-Nicolas-le-Moteux, joignant d'amont à Pierre Anjourant, d'abas à Jacques Resneau, de galerne audit Anjourant, de solere à . . . . . F. 30.

Doit en total.

	Cens.	Rentes.	Poules.	Amendes, &c.	&c.	&c.
	13 d.	20 s.	6			
1751,	a payé.	Payé.	Payé.	Payé 3 l.		
1752,	a payé.	Payé.	Payé.	N'a dû.		
1753,	a payé.	Payé.	Payé.			

Par le partage du 20 Avril 1753, avec Pierre Thouzard, page 270, & Laurent Thouzard, page 272, ses freres, a succédé à Madeleine Bourassé sa tante, de la page 131.

Par donation en contrat de mariage à son fils Philippe Touzard le 1er Mars 1753, page 240.

10°. Deux boisselées de friches aux Forges, censif de Bury, Paroisse de Saint-Secoudin, joignant de galerne à Jeanne Resneau, de solere à . . . . . d'amont à la traite dudit lieu à Lauray, d'aval à la petite Houssiere, doit deux poules de rente. G. 99.

Déclaration. A fourni le 28 Fév. 1753. Profits. N'en doit.

Par mort à Char-

11°. Trois boisselées de terre près la Champronniere,

Saisie & main-levée.

JACQUES THOUZARD.

les Thouzard, page 242.	censif de Vauliard, Paroisse de Coulanges, joignant d'amont à Pierre Anjourant, d'aval à Jeanne Resneau, des deux bouts à Pierre Anjourant. D. 6.

Doit en total.

Cens.	Rentes.	Poules.	Amendes, &c.
15 d.	15 d.	20 f.	8.

1754.

Nota. Quoique le modele ci-dessus ait été rendu selon la forme de l'*in-quarto* pour la commodité de l'impression, cependant il est bon de se servir de feuilles *in-folio*, sur-tout dans les pays où les Habitans sont riches & possedent beaucoup d'articles.

besoin d'indication de volume, parce qu'avant que d'être remplie, elle durera assez long-tems pour qu'il n'y ait jamais de doute entre deux cotes, même pareilles; car en supposant que la premiere inscription de tous les censitaires prenne 4000 pages, & que par la suite il en soit pris annuellement une centaine pour les 50 mutations, qui peuvent arriver sur 1500 censitaires, les cotes des 6000 pages restantes des 10000, serviront encore 60 années. En recommençant à coter 1, les nouveaux registres du cueilloir jusqu'à 10000, chaque pareille cote se trouvera distante de 100 années de l'autre: ce qui ne paroît pas devoir laisser aucune confusion dans les censitaires, étant impossible que dans un si long espace de tems il n'y ait pas de mutation. Ceux qui y seront alors verront s'il leur sera plus commode de pousser plus loin les cotes, & d'aller jusqu'à 100000. Ce n'est qu'un cinquieme chiffre à ajouter, & il suffira pendant mille ans.

I.4. Chacun des volumes du cueilloir ne doit pas avoir plus de 800 pages; un trop gros registre se fatigue beaucoup plus qu'un registre d'une taille proportionnée. On porte l'un volontiers, on traîne celui qui est trop lourd.

I.5. Il faut que les volumes soient reliés. 1°. La reliure leur donne une consistance qui établit plus fortement la sincérité de ces registres, que si les déclarations, paiemens, &c. étoient inscrits sur des cahiers séparés. 2°. On ne peut trop se procurer de facilité pour des registres dans lesquels on a de fréquentes recherches à faire. Or, un registre dont les feuilles sont ébarbées est toujours beaucoup plus facile à manier. 3°. Pour qu'ils s'ouvrent mieux, il faut les faire relier à la grecque, ou nerf fendu.

I.6. La premiere piece inscrite sur le dos du volume ne doit porter que ces mots: *Cueilloir général*. La seconde piece ne doit contenir que la cote des pages contenues au volume, 800 à 1600, 4000 à 4200, 6400 à 7200 &c.

I.7. Ce seroit un fort bel ordre que celui de la division par Seigneuries; mais il est sujet à beaucoup d'inconvéniens, dont un décisif est qu'il faudroit chercher dans plusieurs volumes pour voir avec un censitaire qui comparoît tout ce qu'il peut devoir dans toutes les Seigneuries dont il releve. Un second considérable, c'est qu'il faudroit changer à tout instant de volumes de cueilloir pour y placer le dépouillement de leurs déclarations qui contiendroient des héritages dans différentes Seigneuries; ce qui alongeroit le service, & par conséquent mettroit dans le cas de ne le point faire. Un troisieme, c'est la prolixité que cela jetteroit dans les citations ; il faudroit outre les pages, toujours citer aussi les Seigneuries, & sur un seul censitaire faire plusieurs citations de pages & de Seigneuries ; au lieu que n'ayant qu'un cueilloir général, tout est dit en citant la page. D'ailleurs, à quoi serviroit cette division par Seigneuries, si les Seigneuries n'étoient pas sous-divisées par clos? ce seroit toujours un foullis dont on ne pourroit se tirer, & qui rendroit inutile cette division en Seigneuries. Cela jetteroit dans la nécessité d'une multitude de volumes qui rendroient la tenue des registres impraticable. On a donné du détail à ces inconvéniens, afin qu'on ne soit pas tenté de prendre cette route qui réussiroit mal.

I.8.1· Deux pages doivent suffire pour chaque censitaire, quand on n'a pas en main sa déclaration, & que ce n'est qu'un reportement fait d'avance sur la vue d'un acte de partage ou d'échange qui aura indiqué des co-partageans, ou un contre-échangeur, ou que ce ne sera qu'une premiere déclaration. Si cette déclaration est assez longue pour tenir plusieurs pages, & qu'on soit libre, il ne faut rien serrer, mais lui laisser prendre toute la place dont elle a besoin, & en outre laisser deux pages. Car un censitaire qui a déja beaucoup, est censé pouvoir avoir encore davantage par la suite, soit parce qu'il est d'une famille aisée où il peut recueillir plusieurs successions, soit parce qu'ayant déja du bien, cela le met à portée d'en gagner davantage, & de faire des acquisitions dans son Pays. Deux pages peuvent suffire pour écrire les paiemens à faire pendant 20 ou 30 ans, & un petit nombre d'acquisitions nouvelles.

I.8.2· S'il ne se trouve plus assez de place pour inscrire les déclarations nouvelles, parce que la page suivante est occupée, il faut les achever sur la premiere page libre, en indiquant toutesfois fort exactement le renvoi à la page où la suite de cette déclaration a été reportée, & marquant également sur cette derniere page la cote de la précédente où est le commencement de la déclaration. On appelle page libre la feuille d'un ancien censitaire qui n'a fait que paroître dans la Seigneurie pour un petit nombre d'articles.

I.8.3· Il n'y aura aucun ordre entre les extraits des déclarations des censitaires ; une seconde déclaration d'un censitaire qui sera plus nouvelle que la premiere déclaration d'un autre, sera quelquefois plus haut dans le registre, parce qu'elle aura été reportée sur le censitaire qui a paru le premier dans la censive du Seigneur, & qui a le premier pris place dans le cueilloir : en conséquence, il n'y a qu'une table alphabétique qui puisse faire retrouver les déclarations par les noms des censitaires & les pages du cueilloir où ils auront été employés. D'où il faut conclure qu'il est indifférent en quelle place on mette l'article d'un censitaire, pourvu qu'il soit bien indiqué dans la table alphabétique. Si donc un censitaire n'a fait que paroître dans la censive pour un petit nombre d'articles, & que le terrain qui lui étoit destiné dans le cueilloir, soit presqu'entiérement vuide, il n'y a point d'inconvénient à y inscrire un autre censitaire, afin de diminuer la quantité de volumes. Seulement il faut prendre garde que ce soit un censitaire pauvre, afin d'éviter le plus qu'il est possible les renvois.

II. 1. On voit dans le modele du cueilloir, qu'il faut placer les noms des censitaires, leurs qualités & demeures dans la marge d'en haut au-dessus de la grande colonne. On ne peut guere à cet égard prendre d'autres demeures que celles qui sont exprimées dans leurs déclarations. Comme, vis-à-vis de censitaires, la plupart inconnus, tout se demande par voie de saisie sur les biens qu'ils possédent, les variations de leurs demeures sont assez indifférentes, d'autant qu'ils doivent se présenter personnellement aux jours des paiemens du cens.

II. 2. A la tête de la grande colonne, on marque les titres en vertu desquels les censitaires possedent; la connoissance de ces titres est nécessaire pour savoir s'ils doivent des profits. Cela met à portée d'ailleurs de vérifier si leurs déclarations sont justes & conformes à leurs titres.

Nota. Il faut toujours à cet article joindre la page du précédent Possesseur, afin que par la suite on puisse remonter de censitaire en censitaire, & connoître toutes les mutations arrivées depuis l'actuelle consistance du fief, qui a été établie avec tant de dépense, pour les extraits des pieces & l'assemblage des terres; c'est ce qui est marqué par ces mots *de la page* 150. Si on ne prend pas ce soin, on perdra la filiation, & les fruits par conséquent de tous les travaux antérieurs. On sépare le nom du donataire & sa demeure par un trait de plume avant d'indiquer le titre de possession.

II. 3. Au-dessous du titre de propriété on inscrit les biens que les censitaires possedent; il faut y joindre les tenans & abutans de ces biens pour établir l'identité du terrain. Voyez II. 8. *infrà*, ce qui y est dit des reportemens anticipés dans les cas de partage & d'échange. Pour faire mieux connoître encore cette identité de terrain, il faut exprimer les noms des Paroisses & des censifs dans lesquels ces biens sont compris, marquer les charges & redevances de chaque article, soit en cens, poules, dîme, terrage & autres. Il faut distinguer les différentes parties de leurs biens par numéros, afin qu'on puisse y renvoyer. On voit sur chaque article de cette feuille des désignations des plans où ces portions de biens sont contenues, & le chiffre par lequel elles y sont désignées. On donnera dans l'article suivant la maniere dont les désignations doivent se faire, & cela ne sera nécessaire que pour la premiere inscription de chaque portion de terre sur le cueilloir. Car pour la suite on renverra à cette premiere feuille, & quelque division ou réunion qui puisse être faite de ces parties d'héritages, tout retentira toujours à cette premiere inscription du numéro de chaque plan. Ces divisions ou réunions qui doivent arriver par la suite, rendroient impossibles les cotes du plan, qui étant toujours les mêmes, ne peuvent se prêter à tous les changemens qui arrivent dans ces héritages par la volonté des Acquéreurs ou par la mort des Propriétaires. Ces renvois aux plans s'inscrivent, ainsi qu'on le voit sur le modele, à la fin de chaque article, par une seule lettre suivie d'un chiffre: la lettre indique le plan de la Paroisse dans laquelle cet article est compris; le chiffre marque le nombre sous lequel l'article est employé dans le plan. Dans le modele, l'article 1er est coté A 10, le 2e A 11, le 3e A 12, le 4e A 13, le 5e, qui n'est plus du même plan, B 15, &c.

II.4. Il faut ensuite faire le relevé des cens, rentes, poules, & autres droits dus à cause des biens sus-énoncés, en faire le total, & l'inscrire sur une même ligne au-dessous des biens du censitaire. Sur cette ligne on a mis plusieurs &c, pour faire voir qu'il y a de l'espace pour mettre d'autres droits annuels qui pourroient être dus par les censitaires. Près le bord de la marge, on marque les années pour lesquelles les censitaires doivent ces redevances. Il faut avoir attention de changer ces totaux de redevances, lorsque le censitaire a vendu une partie de son bien, ou qu'il l'a échangée. Cela varie la dette annuelle du censitaire. C'est ce qui se voit dans le modele à l'année 1747. La vente diminue toujours cette redevance, si elle va à un quartier d'arpent. L'échange peut la laisser égale en elle-même; mais elle diminue l'ancien état du censitaire, & donne occasion à un nouvel article. L'acquisition l'augmente dès qu'elle est d'un quartier, & plus, & elle forme aussi un nouvel article. Au-dessous de chacun des articles de cens, rente, poules, &c. on inscrit les paiemens par ce mot seul *payé*. Les amendes peuvent s'inscrire sur la même ligne; il y en a faute de paiemens de profits lors de la mutation, d'autres faute de paiemens de droits annuels. On inscrit ces différentes sommes; quand le censitaire paie on décharge son article par le mot *payé*.

II.5. Dans la colonne qu'on a à sa droite en regardant la feuille, on écrit le mot *déclaration*, & on laisse en blanc deux lignes, si la déclaration n'est pas fournie, lesquelles on remplit lorsqu'elle est passée par ces mots : *a fourni*, & la date de ladite déclaration.

II.6. Les profits s'inscrivent dans la même colonne, au-dessous de la place destinée à la déclaration. On écrit le mot *profits* dans une premiere ligne, la somme due dans la seconde ligne; ensuite on en laisse deux en blanc, qui se remplissent quand le censitaire paie, en écrivant ces mots : *a payé*, & la date du paiement.

II.7. Les saisies & main-levées se plaçent au-dessous des profits. On fait des saisies à défaut de paiemens de profits & de passation de déclaration, ou à défaut de payement de cens. Quelles qu'en soient les causes, on tient cette colonne toute prête pour les inscrire. On voit dans les exemples inscrits sur le modele, qu'on ne saisit pas toujours toutes les parties dont la déclaration n'a pas été fournie; on en saisit suffisamment pour que le censitaire soit contraint de paroître ; & alors on lui demande la déclaration du tout. En tête on écrit *saisies & mains-levées*. A chaque saisie on met une S. & la cote des articles saisis, au-dessous la date de la saisie. A chaque main-levée on met une M. & de suite la date de la main-levée. On a placé sur une même déclaration trois saisies ; mais rarement un censitaire se fait-il saisir tant de fois faute de payer les profits & les cens.

II.8. Le censitaire devient propriétaire de nouveaux biens, tant par nouveaux acquêts que par succession à lui échue. Il faut faire à l'égard de ces nouveaux biens, tout ce qui a été fait sur ceux qu'il possédoit auparavant, marquer bien exactement le nouveau titre de la nouvelle propriété, les biens, le nouveau total des redevances, suivre tout ce qui est dit ci-dessus sur les dates des déclarations, les profits, les saisies & main-levées. Il faut remarquer dans le modele sur le 3ᵉ exemple d'une nouvelle propriété, qu'elle est venue au censitaire par succession, & qu'alors il n'a été dû aucun profit; que cette succession est connue par un partage dont on doit faire le dépouillement sur le champ pour chacun des co-partageans, & leur destiner & coter une feuille, où on reporte les articles du partage qui les concernent. Il en est de même dans le cas de l'échange, il faut être exact à faire ces reportemens anticipés, connus par des titres, ils servent de renseignemens pour demander les déclarations. Cependant alors il faut connoître les joignans des articles de ce co-partageant ou contr'échangeant, car il ne faut point inscrire d'articles dans ce cueilloir sans joignans.

II. 9.

II.9. Ce qui eſt vraiment intéreſſant, n'eſt pas tant de connoître la cauſe de la mutation du cenſitaire, que de ſavoir celui qui lui a ſuccédé dans le bien. Auſſi après avoir énoncé la cauſe de la mutation quand elle eſt connue, il faut ne point oublier de mettre le nom du nouveau cenſitaire & la page du cueilloir où il a été employé : c'eſt cela ſeul qui fera la filiation du cueilloir: on a, dans le modele, donné des exemples de preſque toutes les mutations. On doit y remarquer ces nouveaux cenſitaires qui ont déja des pages dans leſquelles ils ſont employés, quoiqu'ils ne ſoient peut-être encore connus que par leurs partages, comme Philippe Touzard, Charles Touzard, & Catherine Touzard, à l'égard des articles 1er, 2e & 3e dans leſquels ils ont ſuccédé à Jacques Touzard, cenſitaire, ou par des échanges comme dans le 4e article où la page de René Franquieres, contr'échangeur, eſt indiquée. Voyez à cet égard ce qui a été dit au précédent article.

III. On a vu précédemment qu'il ne pouvoit être tenu dans le cueilloir aucun ordre chronologique des déclarations, ni alphabétique des noms de cenſitaires. Mais toutes les déclarations ſe retrouvent par les noms des cenſitaires, & la place de chacun de ces noms s'indique facilement par une table alphabétique.

III.1. Cette table doit être faite de maniere à durer grand nombre d'années, & doit être un gros volume *in*-4°. d'environ 800 pages. Chaque page pourra contenir une vingtaine de noms avec leurs renvois aux pages; car ces renvois ne ſeront pas nombreux ſur chaque nom, il n'y en aura pour l'ordinaire qu'un ſeul; deux ſeulement ſi les deux premieres pages n'ont pas ſuffi pour contenir tous les biens du cenſitaire. Cela ſuppoſé, & en comptant ſur un fonds de 15 à 1600 cenſitaires, le total de ces noms n'occupera que la valeur de 80 pages environ; chaque année ne donnant guere que 50 nouveaux cenſitaires, elles n'emporteront chacune que trois pages, & pour 50 ans, ſeulement 150. On pourroit donc diminuer de beaucoup le nombre des pages ſuſdites; mais ces noms ne ſe trouveront pas ſerrés à côté les uns des autres pour n'occuper que l'eſpace ſuſdit; comme on ne ſait pas préciſément le nombre des noms qui ſe trouveront ſur une même lettre, il faut laiſſer beaucoup plus d'eſpace qu'il n'en faudroit, s'il étoit connu : c'eſt ce qui porte à demander un volume de cette groſſeur.

III.2. Pour y trouver plus facilement les noms que l'on aura à chercher, il ne faut pas ſe contenter de mettre tant de pages pour chaque lettre, il faut diſtinguer la tête de chacune de ces pages par trois lettres comme les Dictionnaires. Comme on ne ſait pas ſur quelles lettres porteront davantage les noms des cenſitaires, & qu'en général il eſt certain que toutes les lettres ne peuvent pas porter une égale quantité de pages, quelques-unes ayant besoin d'en avoir beaucoup, & d'autres au contraire très-peu, il faut bien avoir quelque motif pour se déterminer au nombre de pages qu'il faut laisser pour chacune des sous-divisions des lettres de cette table alphabétique. Si on cherchoit dans ce point quelque précision, elle seroit agréable, elle seroit utile, elle ne seroit pas impossible. Un registre rempli par-tout à peu près également, est toujours plus propre qu'un autre qui contient des lacunes immenses qui ne seront jamais remplies. Cela auroit l'utilité de faire durer le registre plus long-tems. Car quand une fois une des lettres sera remplie de noms, il faudra faire un nouveau registre, quoique toutes les autres lettres aient encore de la place; sans cela on s'exposeroit à faire les mêmes recherches dans plusieurs volumes faute d'en avoir un unique qui contienne tout. Enfin, cela est très-possible, parce qu'il n'y a qu'à prendre les noms des censitaires qui sont tous rangés par ordre alphabétique dans les feuilles du relevé d'arpentage par noms de censitaires, voir à quoi ils montent, par une opération simple de division, voir combien il faut mettre de noms dans chacune desdites 800 pages, & copier sur chacune ce nombre de noms dans le même ordre alphabétique du relevé d'arpentage; il y a apparence que dès-lors on aura atteint le but que l'on cherchoit, d'autant qu'un Pays est long-tems habité par les mêmes familles qui y conservent les mêmes noms: s'il y a des variations elles ne peuvent jamais être considérables.

III. 3. Si cette table alphabétique pouvoit être écrite sur parchemin, & qu'on ne craignît point cette dépense, ce seroit une chose bien utile: car il faut se souvenir que ce volume servira peut-être pendant plus de 50 ans, & qu'après tout ce service il doit être gardé fort exactement, comme le contrôle de tous les renvois des registres: contrôle d'autant plus juste qu'il aura été vérifié lui-même un plus grand nombre de fois par le grand usage qu'on en aura fait à chaque saisie & main-levée faite sur les censitaires, chaque déclaration par eux fournie, & même chacun des paiemens par eux faits des cens, rentes, poules, amendes, profits, &c. Un usage si fréquent le fatiguera beaucoup, & on ne peut lui donner trop de solidité.

III. 4. Chaque nom des censitaires doit tenir une ligne, il faut mettre la page & ajouter au lieu de tel, & s'il y a deux mutations, au lieu de tel & tel, afin qu'au cas qu'il y eût erreur dans la cote du renvoi, ou confusion pour la conformité des noms de baptême & de famille, on pût se retrouver par le nom du prédécesseur, & mettre la main sur celui précisément qu'on cherche. Ainsi Jacques Thouzard, page 220, = Jacques Tricoreau, René de Franquieres, Magdeleine Bourassé. qui sont les trois déclarations qu'il aura fournies pour acquisition faite des deux premiers censitaires, & succession au troisieme.

III.5. S'il y a volume qui ait besoin d'être relié c'est celui d'une table qui sera d'un usage si fréquent.

III.6. Son titre est: *Table alphabétique du cueilloir*.

III.7. Il est extrêmement intéressant d'éviter les faux renvois; de l'exactitude plus ou moins grande dépendra le gain ou la perte d'un tems très-considérable lorsqu'il y aura à faire des recherches dans le cueilloir. Il faut donc à la fin de l'année faire la vérification générale des renvois pour les déclarations fournies dans ladite année, en reprenant ces déclarations, & confrontant avec ladite table les pages du cueilloir indiquées sur ces déclarations. Voyez *infrà* N°. VII.2. Comme il n'y en aura jamais guere qu'une cinquantaine, cela sera très-court.

III.8. Plus cette table sera exacte, plus elle sera propre à vérifier les faux renvois qui pourroient s'être glissés dans le cueilloir même.

IV.1. Un pareil cueilloir est un compte exact tenu avec tous les censitaires, & met à portée de faire fournir les déclarations, de faire les saisies faute de paiemens, de ne point demander plus qu'il n'est dû à de pauvres gens qui auroient perdu leurs quittances.

IV.2. Mais ce n'est pas la seule utilité de ce cueilloir. Il procure l'usage de tous les titres du Seigneur contre les Seigneurs ou vassaux voisins qui voudroient empiéter sur ses censifs.

Si c'est tout un clos qui est contesté, il faut prendre le cahier des clos, on y trouve celui qui est contesté. Cet article du clos vous indique toutes les pages où il est parlé pour la premiere fois dans le cueilloir de toutes les parties qui composent ledit clos. On va chercher ces parties aux pages qui les concernent, on y trouve une premiere déclaration & en outre le renvoi à une page suivante qui contient une seconde déclaration de la même partie. Cette page renvoie à une autre qui contient une troisieme déclaration de la même partie. On peut s'en tenir à ces trois déclarations, si le Seigneur voisin n'a rien de plus nouveau à y opposer : sinon on continue à prendre sur la page où est contenue cette troisieme déclaration le renvoi à une page suivante qui en contient une quatrieme, & ainsi de suite jusqu'à ce qu'on soit venu au tems de la contestation, & qu'on ait épuisé tous les articles du clos suffisamment pour éteindre la contestation.

Si on ne conteste qu'une partie du clos; ou elle peut être facilement connue sur le plan, & on en saisit les numéros dont on fait le dépouillement sur les registres du cueilloir, en descendant de la même maniere qui vient d'être dite de page en page : ou les indications données pour la trouver ſur le plan ne ſuffiſent pas, mais on ſait au moins que c'eſt la partie actuellement poſſédée par un tel, & alors on va juſqu'à l'origine par le même dépouillement du cueilloir fait en remontant.

IV.3. Ces nouveaux cenſitaires occaſionnent à la vérité un compte particulier pour eux; mais il faut ſe ſouvenir qu'il n'y a guere de nouveaux cenſitaires ſans profits. D'ailleurs, ſouvent il n'y en a de nouveaux que par la retraite ou la mort des anciens; ce qui empêche l'accroiſſement du nombre de ces comptes particuliers.

IV.4. Avoir dit les utilités du cueilloir c'eſt preſque avoir annoncé le chaos horrible dans lequel le chartrier doit néceſſairement retomber, ſi on manque de ſuivre exactement la tenue de ce regiſtre. Il faut alors revenir à de nouveaux extraits des pieces qui auront été fournies depuis la ceſſation du premier travail, & faire de nouveaux plans pour répondre à la diſtribution actuelle des terres dont il faudra par conſéquent faire un nouvel arpentage; encore ne réparera-t'on peut-être point la perte des pieces qu'on auroit amaſſées pendant le tems de cette négligence.

V. Un volume du cueilloir eſt réputé ancien, quand toutes les pages ſont garnies des croix qu'on met à côté du chiffre de la page, lorſque le cenſitaire eſt retiré par vente ou par mort. Il faut alors ſerrer ce volume bien précieuſement, à cauſe des utilités ſuſdites. Car ſi toutes ſes fonctions ſont finies pour les paiemens & exactions de déclarations, elles ne ſont pas finies pour le pouvoir qu'il a de décider, tant par lui-même que par les pieces dont il contient les indications, toutes les conteſtations nées & à naître ſur le cenſif.

VI. Ces cueilloirs ſi précieux ne ſeront utiles qu'autant qu'on aura ſoin de faire ſervir exactement la Seigneurie des déclarations qui ſont la baſe du cueilloir. Voyez ſur cette exactitude, même Partie, Chapitre III. Art. II.

VII.1. D'après les copies authentiques des déclarations inſérées au Terrier, on dreſſe facilement le cueilloir, puiſque ce cueilloir n'eſt que la copie de ces déclarations miſes dans un ordre propre à faire ſervir la Seigneurie de titres & de profits.

VII.2. Quand on fait l'extrait d'une déclaration qu'on inſcrit ſur le cueilloir, il faut mettre en tête de la déclaration même, la page de ce regiſtre où elle a été employée. Cela ſervira à faire la vérification du cueilloir dont il a été parlé ci-deſſus, N°. III.7.

VIII. En confrontant le modele du relevé d'arpentage pour un cenſitaire à ce modele du cueilloir pour le même censitaire, on trouve beaucoup moins dans le relevé que dans le cueilloir, ce qui vient de ce que dans le cueilloir on a supposé des acquisitions faites depuis la confection dudit cueilloir, afin de donner un modele pour conduire le cueilloir dans ces occasions. Mais lorsqu'il a été fait, il n'y étoit pas entré un plus grand nombre d'articles que dans le relevé susdit, qui avoit servi de projet à la déclaration dont l'article du cueilloir a été tiré.

On trouve aussi plus dans le relevé que dans le cueilloir quelques citations d'articles de plans; ainsi l'article A. 13. ne se trouve point dans le cueilloir; cela vient de ce que cet article A. 13. du relevé fait portion d'un fief possédé par le censitaire, & ne pouvoit entrer dans le cueilloir qui ne contient que le censif.

IX.1. Toutes les parties du censif se morcelent à l'infini; c'est ce qui oblige de garder de si grands registres pour répondre à l'étendue si vaste des mutations de tant de portions de terre & de tant de différens censitaires qui tous retentissent directement au Seigneur. Dans d'autres pays, les terrains sont circonscrits & s'appellent des tenures, des fraraches, des aînesses, un seul répond au Seigneur pour tous les tenanciers. Cet homme n'est pas toujours le même; mais celui qui est nommé tous les ans au Seigneur, qui lui remet le rôle de ce qui lui est dû, & ce tenancier principal pour l'année, fait payer tous les autres, & compte au Seigneur du fruit de sa récolte. Des censifs en tels pays sont facilement administrés. Quoiqu'on ne jouisse point dans le Blaisois d'une si grande facilité pour la perception des revenus annuels, il ne faut cependant point les abandonner. Les difficultés ne sont point insurmontables, & la forme proposée pour le cueilloir en levera une très-grande partie.

IX.2. Ce sont ces difficultés qui ont toujours rendu inutiles la multitude des cueilloirs dans cette terre. On n'a point embrassé la totalité des points de vue qui les rendoient importans, & on a fait ou trop ou trop peu d'ouvrage. Quelques-uns ont fait des cueilloirs dans lesquels ils exprimoient chaque année la totalité des biens pour lesquels un censitaire devoit tant de redevances, & afin d'éviter la confusion entre les censitaires, ils y mettoient les tenans & aboutissans pour distinguer plus facilement les biens des uns & des autres.

Ce travail avoit son utilité, mais il falloit chaque année recommencer un volume *in-folio*, cela devenoit immense, on quittoit prise. Le plan proposé donne bien le même détail, mais une fois copié, c'est pour toute la vie du censitaire, vivroit-il cent ans. S'il vit long-tems ou qu'il fasse de fréquentes acquisitions, on en est quitte pour renvoyer la continuation de son article à une page suivante. Tous les articles de ces registres étant de suite, si un censitaire faisoit quelque nouvelle acquisition, elle ne pouvoit dans ces anciens cueilloirs se mettre à côté de l'ancienne, faute de place. Dès lors on n'avoit nulle connoissance de la totalité de sa redevance annuelle, où il falloit dans un nouveau registre écrire & l'ancienne & la nouvelle déclaration, pour voir le résultat total des charges. Dans le plan actuel, il y a toujours de la place pour les nouvelles declarations. D'autres Receveurs, pour laisser moins de variations dans leurs registres, ont fait les mêmes opérations, & regardoient ces registres comme des Papiers-Terriers, & n'y inscrivoient point les paiemens. Ceux-là duroient un peu plus long-tems, mais néanmoins toujours trop peu d'années, à cause des divisions & réunions fréquentes qui arrivent dans le censif. Le plan actuel contient tous les paiemens de chaque année sans faire obstacle à son authenticité.

Ces registres renouvellés si fréquemment exigeoient toujours de nouvelles tables abphabétiques, aussi y en voit-on une multitude.

Dans le plan actuel, une seule table suffiroit pour plus de 50 ans. Ces tables, en n'indiquant que les noms des Particuliers contenus dans le cueilloir, ne pouvoient donner aucune connexité entre tous les articles de ces Papiers-Terriers pour trouver tout ce qui concernoit un même censitaire. Il falloit non-seulement chercher tous les *folios* dans lesquels il étoit employé dans le Papier-Terrier, mais aussi par les autres tables alphabétiques tous les autres *folios* dans lesquels il étoit employé dans les autres cueilloirs, ce qui devenoit immense. Dans le plan actuel, deux pages font toute la vie d'un homme, un seul renvoi suffit pour les trouver. J'ai dit que par ces tables il falloit chercher plusieurs cotes dans un même Papier-Terrier pour un même homme; en effet, la plupart de ces Terriers sont rangés par clos, & la tenure d'un même censitaire est hachée en autant d'articles qu'il possede de biens dans différens clos.

Ce qui manque dans tous ces Terriers-Cueilloirs c'est la cause de l'entrée du censitaire dans le censif, & celle de sa sortie avec l'indication de la page du prédécesseur du censitaire, & de celle de son successeur. On n'y trouve pas l'indication de la déclaration sur laquelle a été fait chaque extrait du Papier-Terrier; desorte que cela est dépourvu de toute authenticité en cas de contestation. Le plan actuel au contraire est toujours étayé de cette citation, & montre les causes d'entrée & de sortie du censitaire,

On en a fait voir plus haut les grandes utilités par l'usage de tous les titres, & du plan de toute la Terre que cette filiation empêche de périr, & rend à jamais utile. Il n'est pas nécessaire de parler de ces cueilloirs sommaires qui sont en foule, dans lesquels on trouve seulement le nom du censitaire & la somme par lui payée, sans indication du bien soumis à cette charge ; cela n'est bon que pour compter avec son Receveur, mais cela ne peut avoir aucune des grandes utilités qu'on doit attendre du Papier-Terrier. Il n'est donc point étonnant que tous ces plans n'aient point été suivis. On donne ici le détail de leurs inconvéniens afin qu'on ne se laisse pas entraîner dans la même route, & qu'on se confirme dans l'exécution de celui-ci, qui ne paroîtra point du tout embarrassant quand on s'en sera mis au fait pendant une huitaine de jours.

ARTICLE III.

Etablir la conférence réciproque des plans de l'arpentage, du Terrier pour le Domaine & les Fiefs compris en l'arpentage, & du cueilloir pour le censif.

I. *Où elle se place.*
II. *D'où on tire les renvois.*
II.1. *Pour les Terriers domanial & féodal.*
II.2. *Pour le cueilloir.*
III. *Son utilité.*
IV. *Cette table doit être tenue séparément.*
V. *Elle n'est pas sujette à variation.*

I. Quand le cueilloir est fini, la conférence avec les plans de l'arpentage s'en fait par la table alphabétique des noms des clos de la Terre, qui contient aussi les cotes de chaque article des plans dont il a été parlé Part. I. Chap. III. N°. III.1.4. Voyez-y le modele de cette table alphabétique, qui a dû être commencée par l'Arpenteur.

II.1. On a vu, Partie I. Chap. VI. N°. III. que dans le projet d'aveu il falloit mettre sur chaque article du domaine & des fiefs la cote du clos, la lettre alphabétique du plan, & le nom de la Paroisse qui le désignoient sur les plans de l'arpentage ; c'étoit dans le dessein de transporter ces cotes sur le Terrier domanial, & sur le Terrier féodal ; cela ne doit pas être difficile, l'un & l'autre de ces Terriers étant la copie de l'aveu, & l'aveu la copie du projet d'aveu.

Quand cela est fait, il n'y a qu'à prendre le Terrier domanial, chercher dans la table alphabétique des clos, les clos & les cotes qui ont été citées audit Terrier, & mettre sur ladite table la page dudit Terrier; on en fait ensuite autant pour le Terrier féodal.

II.2. A l'égard du censif, il faut commencer par mettre sur le cueilloir les cotes des plans; cela ne se peut tirer du projet d'aveu, & c'est à dessein qu'on a dit, Part. I. Chap. IV. N°. III.3. qu'il n'étoit pas nécessaire de mettre dans le projet du censif de l'aveu ces cotes des plans. On auroit eu en effet trop de peine à les reporter delà sur le cueilloir qui est arrangé par noms de vassaux; au lieu que le projet d'aveu du censif est rangé par censifs distingués par clos. Ces cotes auroient pu se tirer des déclarations mêmes des censitaires si elles y eussent été insérées avant que ces déclarations servissent à former le cueilloir; mais elles se trouvent tout naturellement dans le relevé d'arpentage par noms de vassaux, ainsi qu'il a été dit, Part. I. Chap. III. N°. III.2.3. Elles y sont fort exactement connues, ayant été souvent vérifiées pendant tout le travail fait pour rendre les déclarations exactes, & elles y sont dans le même ordre qu'elles doivent entrer dans le cueilloir. Car c'est ce relevé d'arpentage qui a servi de projet de déclarations, & le cueilloir lui-même n'est que la copie des déclarations. Ainsi, d'après ce relevé d'arpentage, on mettra facilement les cotes des plans sur ledit cueilloir.

Quant à la place où elles doivent être mises sur ledit cueilloir, voyez même Chapitre, Art. II. N°. II.3.

Le cueilloir aura donc les cotes qui l'unissent aux plans, mais l'union des plans au cueilloir ne sera pas aussi prompte à beaucoup près. Il faut prendre chaque article du cueilloir, & porter dans la table alphabétique des clos la cote de la page dudit cueilloir où cet article est employé : au surplus, voyez le modele susdit, Part. I. Chap. III. N°. III.1.4. Cette conférence s'y place sur les 5 & 6e colonnes.

III. Il ne faut pas se faire peine du peu d'embarras que donnera la construction de cette table; les plans ne peuvent donner les joignans de chaque héritage; cependant il est souvent utile de les connoître; soit pour le Domaine, pour savoir avec qui il faut traiter pour un arrondissement de quelque partie du Domaine, ou pour quelques contestations; soit pour les fiefs, pour voir sur qui les vassaux veulent empiéter. Le renvoi de la table à ces Terriers est donc très-utile. A l'égard du censif, le renvoi de la table au cueilloir met à portée, comme il a été dit, de fournir sur chaque partie du censif toutes les déclarations qu'on peut desirer sur cha-

que

que article, soit que ce soient des Seigneurs voisins qui veuillent prendre une partie de ce censif, ou que quelque contestation s'éleve entre les censitaires. C'est un point fort important. Il n'est pas nécessaire de montrer l'utilité du renvoi des Terriers & du cueilloir aux plans. On sait assez le grand avantage qu'il y a d'avoir des plans tout dressés, quand il s'agit de quelque discution domaniale, féodale, ou censuele; & sans ces renvois, on perdroit presque tout l'avantage qu'on a droit d'attendre des plans; ils n'auroient eu que l'utilité passagere de dresser l'aveu. Une si grande dépense seroit presque à regretter si c'étoit leur seule destination : il faut au contraire tâcher de les rendre utiles à perpétuité, & c'est à cette intention qu'on a pris tant de précautions pour établir le cueilloir.

IV. Cette table doit former un petit volume séparé de tout le reste de l'ouvrage; on n'y a recours qu'en cas de contestation, ou pour les autres utilités ci-dessus décrites.

V. Cette table n'est point sujette à variation, à moins qu'il n'en arrive dans le nom des clos; ce qu'il est facile d'empêcher, si l'on fait toujours rendre les déclarations postérieures conformes à celles qui ont précédé. S'il en arrivoit, il faudroit en prendre note, & le marquer à côté du nom qui auroit changé, & en faire un nouvel article dans l'ordre alphabétique, avec renvoi à l'ancien article.

CHAPITRE SECOND.

Le bon ordre établi & conservé dans les différentes parties du Chartrier, des titres, extraits, Terriers, & cueilloir.

I. QUAND toutes les opérations sont finies, il faut sortir tous ces actes, & leurs extraits, de la piece où a été fait le travail, & les mettre en ordre dans le chartrier. Il ne faut point y mettre d'autre ordre que celui qui a été donné lors du travail; il ne faut y admettre aucune distinction de Seigneuries, de fiefs, de censifs, de métairies. Dans l'ordre chronologique qui a été observé, on retrouvera toujours sur le champ toutes les pieces dont on aura besoin, leur date étant indiquée par les extraits. Tout autre ordre seroit arbitraire & sujet à beaucoup d'inconvéniens. Il faut donc conserver toutes les divisions qui ont été établies lors de l'arrangement des titres, & qui depuis ont été faites avec encore plus de précision lors des extraits des pieces qui les ont fait connoître. Voyez à cet égard ce qui a été dit au Chap. I. de ces divisions d'aveux rendus par les Seigneurs de leur Domaine, fiefs, censif, minutes de Notaire, plumitif, Greffe civil & criminel, comptes des Receveurs, cueilloirs, procès, & pieces sans date. Il faut toujours conserver toutes ces divisions dans ce moment-ci; & par la suite, si l'on met ces titres par piles dans une armoire bien fermée il faut au bas de chaque tas marquer les années y comprises, ainsi qu'il a été dit lors de leur emplacement dans la piece du travail.

II.1. Il faudra conserver les extraits des anciennes pieces, rangés comme ils l'ont été pendant l'ouvrage par ordre alphabétique; car il faut remarquer que toutes les contestations à faire par les Seigneurs voisins, soit pour mouvance de fief ou de censif, soit pour étendue de Justice, pourront bien n'être pas toutes mues à l'instant de l'aveu; ce ne sera peut-être que fort long-tems après; & l'aveu quoique publié ne seroit pas un titre suffisant pour dépouiller les Seigneurs voisins des droits qu'ils prétendroient appuyer de quelque titre apparent, il faudroit leur en opposer d'autres plus sérieux, & en plus grand nombre que faire se pourroit.

Ces extraits sont un arcenal toujours prêt pour combattre les prétentions mal-fondées des Seigneurs voisins dans toutes les parties de la Terre, par toutes les pieces du chartrier qu'ils indiquent. Ainsi il faudra les conserver avec beaucoup de soin.

II.2.1.1. Il ne faut point séparer les anciens extraits du Domaine & des fiefs des nouveaux extraits de ces mêmes parties : il faut au contraire reporter les indications tirées des nouvelles pieces sur les mêmes feuilles où ont été portées les indications des anciennes, afin d'en continuer la filiation.

II.2.1.2. Delà il suit que ces anciens extraits qui doivent toujours grossir par de nouvelles indications de pieces, ne doivent point être reliés, mais seulement enfermés dans des cartons pour éviter les rats & les souris, qui feroient en cette partie des torts comparables à la perte même des titres. Ils doivent être bien clos de toutes parts, afin que ces feuilles volantes ne puissent échapper. Cela n'empêche pas que ces cartons ne soient revêtus de titres comme le pourroient être des volumes reliés, & dans la forme suivante.

Sur la 1ere piece	Domaine	ou	Féodalité.
Sur la 2e piece	A--D		A--C.

Et ainsi des autres cartons d'extraits domaniaux ou féodaux.

II.2.2.1. A l'égard des censifs, les anciens extraits doivent être entiérement séparés des nouveaux. Leur consistance est prise : il n'y aura plus lieu à s'accroître par les extraits des nouvelles déclarations, ou des autres pieces qui peuvent intéresser le censif. Tout sera reporté dans le cueilloir. Ces anciens extraits n'en sont pas moins précieux, & doivent être conservés pour les utilités décrites N°. II.1. de ce Chapitre.

II.2.2.2. Pour les mieux conserver, il faut les faire relier tous ensemble. Les volumes de ces anciens extraits, rangés alphabétiquement, feront en grand nombre, suivant la quantité de titres dont le chartrier étoit fourni : leurs titres sont :

Sur la 1ere piece.	Censif.
Sur la 2e piece	1200 à 1755.
Sur la 3e piece	A--B.

Le second volume portera les deux premiers titres, & la troisieme piece sera C--D, & ainsi de suite.

Nota. On a mis sur le premier volume du Domaine A--D, parce qu'il y aura moins de cartons que pour les fiefs. On a mis sur le premier volume du censif A--B, parce qu'il y aura plus de volumes que de cartons de Domaine, & plus même que les fiefs.

Il ne faut pas faire de volumes de plus de 800 pages c'est assez, même pour des *in-folio.*

III. Il ne faut pas mettre d'autre division entre les extraits que celle qui a été observée pendant le travail; quelque grand nombre de pieces qu'il y ait eu dans le chartrier qui ait pu exiger beaucoup de divisions entre les pieces mêmes, il n'a toujours fallu que trois divisions pour les extraits de ces pieces; parce que le Seigneur n'a fait usage de toutes les pieces de son chartrier que pour connoître, pour établir, & pour conserver, 1°. son Domaine, 2°. sa féodalité, 3°. son censif.

CHAPITRE TROISIEME.

L'exactitude qu'on doit avoir à faire servir la Seigneurie, & à continuer les Terriers.

ARTICLE I.

Faire servir la Seigneurie par ses vassaux.

I.1. ON voit des terres qui ont été des tems infinis sans rendre d'aveu, sans cependant que la mouvance en soit perdue. Les Seigneurs se font servir assez exactement de foi & hommage, mais rarement ils exigent d'aveu. La Terre d'Onzain n'en a point rendu au Roi depuis 1457, & celle de Bury depuis 1460. On est étonné de cette indulgence des Seigneurs. Cependant en faisant réflexion sur deux ou trois points qui ont été traités dans la premiere Partie, on voit facilement que la fréquence des aveux n'est pas si intéressante à beaucoup près que la foi & hommage. En effet, le vassal ne peut diminuer les profits dus pour son fief à chaque mutation, & l'étendue de la mouvance du Seigneur ne peut périr que par de longues prescriptions par un autre Seigneur. Ce qui a été dit sur la confection des aveux lors de la rénovation du Terrier, doit être de même observé pour la suite; & il est bon de se rappeller que le vassal, 1°. ne peut diminuer les profits, & avouer comme fief ce qui étant partie de son Domaine, occasionneroit des profits plus considérables. Voyez Part. I. Chap. V. Art. II. Sect. I. Nos. III.9.1. & III.9.2. causes de blâme; il faudroit pour qu'il pût faire un pareil changement qu'il eût été inféodé par son suzerain. 2°. Il ne peut de même diminuer la mouvance, il faut toujours qu'il retrouve le même nombre de fiefs mouvans de lui, & la même quantité de terrain qui lui a été concédée originairement, ſoit en Domaine, fief, ou cenſif. Mais ce qu'il ne peut pas faire par lui-même, il le peut laiſſer faire par d'autres. Car on peut preſcrire contre lui ſes fiefs & ſes cenſifs. Ces preſcriptions ſont rares, c'eſt pourquoi il eſt peu intéreſſant d'exiger de fréquens aveux des vaſſaux. Mais elles peuvent arriver dans un long eſpace de tems, & il n'eſt pas prudent d'en courir lès riſques. Car ce qui eſt perdu pour le vaſſal eſt perdu pour le Seigneur. Voyez Notions Préliminaires ſur la féodalité, N°. V.2. Afin de ne point fatiguer des vaſſaux inutilement, quand un aveu n'eſt pas ancien, & qu'il y a pluſieurs ouvertures ſubites d'un fief, on peut ſe contenter de la ſignature du nouveau vaſſal au pied de l'ancien aveu. Ce ſeroit aſſez pour empêcher la preſcription de Seigneur à Seigneur. Voyez Part. I. Chap. V. Art. II. Sect. I. N°. III.2.1. que cette indulgence peut durer une cinquantaine d'années ſans que l'on courre aucun riſque.

I.2. Il eſt très-intéreſſant d'être ſervi de foi & hommage, cela empêche la preſcription de la totalité du fief. La demande de l'aveu réveille bien le vaſſal, & l'oblige de faire lui même fournir des aveux & déclarations par ſes vaſſaux & cenſitaires. Ce qui interrompt les preſcriptions portionnelles de mouvance qui auroient commencé à être uſurpées ſur ce vaſſal par les Seigneurs voiſins. Mais la preſtation de la foi ſauve de la preſcription la mouvance du corps du fief, & par conſéquent elle eſt encore plus intéreſſante. On trouvera un nouvel intérêt dans la connoiſſance que cet acte donnera du vaſſal & de la cauſe de ſa mutation, qui ſouvent donne des profits conſidérables au Seigneur.

II. Pour la réception des foi & hommages, aveux & dénombremens, il faut ſuivre les mêmes regles qui ont été décrites, Part. I. Chap. V. Art. II. Sect. I, & Chap. VI, No. IV. & V. & autres dudit Chapitre, dont il faut toujours conſerver des idées exactes. Il en eſt de même pour la ſaiſie féodale faute de foi.

III. Tous les actes féodaux dont la Seigneurie eſt ſervie doivent être inſérés dans le Terrier féodal. On a vu, Part. I. Chap. VII. Art. I. N°. V. que les volumes de ce Terrier ſont deſtinés à recevoir ces nouvelles pieces.

ARTICLE II.

Faire servir la Seigneurie par les Censitaires.

I. *Réception des déclarations.*

I.1.¹ *En recevant une déclaration, la vérifier sur la précédente dans le cueilloir ou sur les pieces.*

I.1.² *La vérifier dans le cueilloir sur la feuille même du censitaire qui passe déclaration, s'il y a une feuille commencée pour lui.*

I.2. *Y exprimer le nom de la Paroisse & toutes les autres indications exigées au Chapitre V. de la renovation du Terrier.*

I.3. *Les Notaires ne doivent pas admettre facilement de nouveaux noms de clos.*

I.4.¹ *Ne point négliger les déclarations des biens qui passent du pere au fils.*

I.4.² *Celles des Héritiers collateraux.*

I.4.³ *Celles des veuves.*

I.4.⁴ *Celles des mineurs.*

II. *La visite du cueilloir. En particulier des feuilles sur lesquelles on a reporté les noms des censitaires qu'on a reconnu devoir passer déclaration par des actes faits par eux avec des tiers.*

III. *Comment on peut connoître les mutations.*

IV. *Continuer le Terrier censuel.*

I. Pour la réception des nouvelles déclarations, il faut suivre les mêmes regles décrites Part. I. Chap. V. Art. II. Sect. II.

I.1.¹. Quand le censitaire présente sa déclaration, il doit y exprimer le nom de celui à qui il succede. On cherche alors dans la table du cueilloir le nom de ce prédécesseur. On y trouve la page du cueilloir, & à cette page la date de sa déclaration & l'extrait d'icelle, & alors s'il y a lieu, on fait voir au nouveau censitaire qu'au lieu d'un demi-arpent il doit déclarer un arpent, & *vice versâ*. S'il empiete sur ses voisins, en cas de contestation sur la mesure, on remonteroit à une plus ancienne déclaration, & même par la plus ancienne jusqu'à l'arpentage.

I.1.² Quelquefois, avant même que le censitaire donne sa déclaration, sa feuille dans le cueilloir, comme il a déja été remarqué, se trouve chargée, quoiqu'il n'ait jamais paru devant le Seigneur ; mais sa possession aura été connue par un partage qu'il aura fait avec ses freres & sœurs, ou un échange avec un autre censitaire ; & un Régisseur attentif aura sur le champ fait autant d'articles dans le cueilloir pour tous les co-partageans ou pour l'échangeur. Quand donc le censitaire vient pour avouer une acquisition, il faut par le moyen de la table alphabétique, voir s'il n'y a point déja dans le cueilloir quelque article qui le concerne, pour le lui faire insérer dans sa déclaration.

I.2. Quoiqu'il soit évident que toutes les conditions prescrites lors de la passation des déclarations pour la rénovation du Terrier, doivent être aussi soigneusement observées que dans ce premier moment pour toutes les déclarations qui seront fournies par la suite, & que l'énonciation de la Paroisse étoit une des conditions expressément demandées : on en fait ici de nouveau une mention particuliere, parce que cet article est important à cause de la division de l'arpentage par Paroisses qui, sans cela, ne pourroit être utile qu'avec de grandes recherches.

I.3. Si les Notaires admettent facilement de nouveaux noms de clos, on s'éloignera peu-à-peu de ceux de l'arpentage, & il deviendra inutile. Cependant, si quelque nom nouveau s'est tellement introduit que l'ancien ait disparu, il faut bien s'en servir, en avertissant dans la déclaration qu'anciennement il s'appelloit de telle maniere ; faire alors le changement dans la table des noms des clos indiquée même Partie, Chap. I. Art. III. & mettre aussi sur le plan le nouveau nom du clos.

I.4.1. Quoique les mutations de pere à fils ne rapportent point de profits censuels, quand l'héritage n'est pas tenu à cens à cherprix, il ne faut pas cependant négliger de faire rendre la déclaration. Elle augmente toujours les titres de possession du Seigneur ; elle conserve la filiation de l'héritage ; on y apprend les partages qui en ont été faits entre les enfans ; & tout seroit bien-tôt en désordre, si on manquoit une seule génération dont on ne pût réparer l'omission.

I.4.2. I.4.3. Les déclarations des collateraux héritiers, & des veuves qui prennent des biens pour leur tenir lieu de leurs reprises & conventions matrimoniales, sont encore, s'il étoit possible, plus nécessaires à cause de la mutation des noms qui est très-fréquente chez les collateraux, & arrive presque toujours pour les veuves.

I.4.4. Les mineurs doivent par leurs Tuteurs déclaration pour la totalité des biens. Quand ils sont majeurs, s'ils ont partagé l'héritage, & qu'ils qu'ils veuillent sortir de solidité, il faut qu'ils représentent leur partage & qu'ils ratifient la déclaration qui a été faite pendant leur minorité, ou plutôt qu'ils en fassent une nouvelle de ce qui leur est échu par partage.

II. On a vu, N°. I.1.2. ci-dessus, qu'il y a quelquefois des feuilles faites pour les censitaires, même avant qu'ils aient paru devant le Seigneur, & que lorsqu'ils se présentent pour passer leurs déclarations, il faut jetter les yeux sur ces feuilles de cueilloir faites d'avance. Mais cette attention peut n'être pas suffisante, car le censitaire peut ne point se présenter du tout. Il faut donc de tems en tems faire la visite de ces feuilles, qui indiquent les Propriétaires qui ne paroissent point, quoiqu'ils soient Propriétaires par des actes qui leur sont communs avec d'autres censitaires. Il faut profiter de la connoissance qu'on en a, & les faire avertir verbalement par les Gardes de la Terre, ou par exploit s'ils ne satisfont pas aux avertissemens verbaux.

III. On peut connoître les mutations, 1°. par la visite du cueilloir, comme on vient de dire au N° précédent. 2°. Quelques Seigneurs font la remise du tiers à ceux qui viennent faire ensaisiner leurs contrats dans les six mois, après lequel tems il n'y a aucune remise. En outre, les censitaires alors paient l'amende de 3 liv. faute de s'être présentés dans le tems. Cette remise des profits feroit bien capable de faire venir les déclarations des censitaires nouveaux possesseurs par contrats d'acquisition, afin de diminuer le paiement des profits qu'ils doivent; mais les mutations par mort, qui ne doivent point de profits, n'en seroient pas plus connues. On pourroit aussi avoir recours aux registres de ceux qui perçoivent le centieme denier. Comme cet impôt se leve non-seulement dans le cas de vente, mais aussi dans celui de succession collaterale, cela donneroit encore une plus grande connoissance des mutations. Mais 1°. cela occasionneroit des recherches fréquentes dans plusieurs Bureaux du centieme denier qui s'étendent sur les différentes parties d'une Terre. Il y a trois Bureaux qui partagent le Comté de Rostaing. Ces recherches exigent des voyages, & quelque reconnoissance pour les Commis. 2°. Les mutations en directe sont encore ignorées malgré cette recherche, car elles ne doivent pas de centieme. Le plus simple est donc, & il faut bien le remarquer, de se faire servir exactement des cens. Alors chaque année on connoît les mutations, & on fait passer les déclarations. Si les cens étoient dus à certains jours, comme en cette Seigneurie le jour des Morts, il vaudroit mieux fixer des jours différens pour faire comparoître les censitaires de chaque contrée de la Seigneurie, que de se laisser accabler dans un même jour d'une foule de gens, qui ne feroient qu'apporter une confusion énorme dans la perception des cens, & la rendre impraticable. Il faut prendre toutes les mesures possibles pour favoriser cette perception des cens : c'est la clef de la manutention du Terrier. Sans cela on verra écrouler cet édifice qui a coûté tant de peines & de dépense.

IV. Le Terrier censuel doit toujours être continué par le Notaire qui reçoit les déclarations. C'est le moyen qu'il ne s'en égare aucune. Voyez Part. I. Chap. VII. Art. I. N°. V.

CHAPITRE QUATRIEME.

L'attention à reporter les indications de toutes les piéces, & de tout ce qui ſe paſſe dans la Seigneurie, dans les places deſtinées auxdites indications.

I.1. Reporter les indications tirées des actes domaniaux, féodaux & cenſuels.

I.2. Où ſe fait le reportement des indications des nouvelles pieces.

I.3. Combien ce reportement eſt un ouvrage peu conſidérable.

I.4. S'il faut faire ce reportement auſſitôt qu'on eſt en poſſeſſion des actes.

I.5. Il faut noter toutes les pieces extraites.

II. Il n'eſt plus néceſſaire de continuer les extraits par clos, comme avant la confection du cueilloir.

III. Des feuilles à établir dans le cueilloir pour des cenſitaires qui n'ont point encore paru.

IV. Quand il faut faire l'extrait des minutes qui ſont portées au chartrier après la mort des Notaires.

I.1. IL faut par la ſuite faire les extraits de tous les actes nouveaux qui ſe font pour la Seigneurie; à l'égard du Domaine & des actes de foi, les faire tels qu'ils ont été faits pour la rénovation du Terrier, ce qui eſt fort court. Ceux des aveux ne demandent plus d'être auſſi longs que ceux faits lors de ladite rénovation. On a, par les connoiſſances réunies au moyen des extraits faits lors de la rénovation du Terrier, établi la vraie conſiſtance du fief: il a reçu une nouvelle confirmation lors du dernier aveu rendu à la rénovation du Terrier; on ſe repoſe ſur l'exactitude de ce dernier aveu rendu, c'eſt lui qui ſert de modele au ſubſéquent; il faut les confronter enſemble, & connoître toutes les cauſes de variation. Mais pour en avoir cependant une indication générale à chaque mutation, il faut ſur la feuille à ce deſtinée, faire l'extrait ſommaire dont il a été parlé dans les extraits des fiefs, Part. I. Chap. II. Art. III. N°. V. Tant de prés, tant de bois, tant de vignes, tant de terres labourables, diviſés en Domaine, fiefs, & cenſif. Il faut auſſi ſur la premiere feuille mettre la date de l'aveu: à l'égard du cenſif, les extraits en ſeront toujours la copie preſque entiere. Il faudra tranſcrire preſqu'entiérement dans le cueilloir chacune des déclarations, conformément à ce qui a été dit, même Partie, Chap. I. Art. II. N°. VII.1. Avant de placer la nouvelle déclaration au chartrier, il faut la timbrer du *folio* du cueilloit.

Si le Seigneur veut être en état de répondre à toutes les attaques, il ne manquera pas de faire ainsi continuer de garnir son cueilloir de ces extraits de déclarations. C'est le seul moyen de tirer profit de l'exactitude qu'on aura eue à se faire reconnoître par les nouveaux censitaires. On ne peut trop amasser d'armes défensives, & elles doivent être redoutables à quiconque cherchera de mauvaises contestations. On connoît assez les autres utilités de cette transcription dans le cueilloir.

I.2. Pour le Domaine & les fiefs, ce reportement se fait sur les anciens extraits. Pour le censif, il se fait dans le cueilloir.

I.3. Il y a peu d'aveux rendus dans une année, & il n'y a pas d'apparence qu'il puisse y avoir plus d'une quarantaine de déclarations, l'une portant l'autre par an, sur une ou plusieurs Paroisses qui contiendroient en totalité six mille ames; cela ne va jamais à deux cens personnes, censitaires ou vassaux qui doivent des actes féodaux ou censuels à la Seigneurie, sur un millier d'ames qui composent une Paroisse; car il faut compter par feux & non par têtes. Il n'y a que le chef de la famille qui passe déclaration, & tout le reste, femme, enfans, & valets n'existent point vis-à-vis du censif ou de la féodalité du Seigneur. Du nombre des feux, il faut encore ôter les pauvres, qui n'ayant rien du tout, ne doivent aucune reconnoissance au Seigneur. Deux cens personnes par chaque mille d'ames donnent douze cens personnes pour six mille: les mutations sont réputées arriver tous les 30 ans, c'est 40 déclarations environ par an qui entreront au chartrier. Si on trouve lors de la rénovation du Terrier des années beaucoup plus fortes, ça été un effet du réveil des Seigneurs après de longs intervalles pendant lesquels ils avoient dormi: mais il ne faut rien conclure de cette affluence sur la quotité annuelle, de même qu'on ne conclura rien sur cette quotité de la multitude de déclarations qui auront été passées dans cette Terre en cette année 1755.

I.4. Il n'est pas nécessaire que tous ces reportemens soient faits sur le champ, mais il faut dans une grande Terre au moins tous les trois mois employer quelques jours à faire ce dépouillement du Terrier censuel pour en garnir le cueilloir.

I.5. Il faudra faire une note sur chacune des pieces qui auront été extraites, en y mettant le mot *vu*, ou telle autre indication qu'il plaira, afin d'être assuré qu'on n'a point omis ce reportement sur les pieces ainsi timbrées.

II. Avant la confection du cueilloir, il n'y avoit qu'une seule voie pour réunir sur les mêmes clos les connoissances éparses dans les différens titres ; c'étoit de les mettre sur des feuilles séparées, & de diviser ces feuilles par clos. On a vu par quelle route on est venu à bout de mettre sur les mêmes feuilles tout ce qui dans chaque clos concernoit les mêmes parties dudit clos. Mais depuis la confection du cueilloir, si l'on a soin de faire servir la Seigneurie & de faire exactement tous les reportemens dans le cueilloir, comme il vient d'être dit, ces extraits pour le censif ne sont plus nécessaires pour la suite. Ce sera la table alphabétique des clos dont il a été parlé, Chap. III. N°. III. 1. 4. & Chap. VII. Art. II ; ce sera la table alphabétique du cueilloir dont il a été parlé en cette même Partie, Chap. I. Art. II. N°. III ; ce sera le cueilloir lui-même, qui porte les renvois aux plans, qui feront la réunion de toutes les parties des clos. Par toutes ces voies, on trouvera au besoin toutes les déclarations qui concernent cette partie du clos. Ces ressources réunies rendent absolument inutile la continuation des extraits.

III. Comme après la confection du Terrier on ne jettera peut-être plus les yeux que sur les derniers Chapitres de cet Ouvrage, c'est ici le lieu de répéter une observation importante qui a déja été faite. Les actes qui sont communs à plusieurs censitaires, comme partages ou échanges, dénoncent ceux qui ne viennent point satisfaire aux droits de la Seigneurie. Il ne faut pas manquer d'en prendre note, afin de faire passer les déclarations que ces censitaires cachés voudroient éviter de rendre. A cet effet, il faut dans le cueilloir faire une feuille sous leur nom, & y marquer l'héritage dont ils sont devenus Propriétaires par partage ou par échange. C'est un des meilleurs moyens de faire servir exactement la Seigneurie.

IV. Quand après la mort des Notaires leurs minutes sont apportées au chartrier, on ne peut trop se hâter de faire le dépouillement de ces actes, après les avoir rangés par ordre chronologique, s'ils ne le sont pas. On a vu, Part. I. Chap. II. Art. VI. l'importance de ces extraits des minutes de Notaire, & la maniere d'en faire usage. Le triage qu'il falloit faire dans ces minutes de toutes les pieces qui ne regardent que le Seigneur seul, devient maintenant inutile, si on a eu le soin tant recommandé dans cette seconde Partie, de faire servir la Seigneurie de tous les actes féodaux & censuels, & d'en remplir les Terriers à ce destinés.

CHAPITRE CINQUIEME.

Comment le Seigneur de la Terre doit veiller à la manutention de son Terrier.

I. *Opérations qui demandent le Seigneur dans son chartrier.*

I. 1. *La vérification des extraits des declarations inscrites au cueilloir.*

I. 2. *Diriger les saisies si son Homme-d'affaires n'y veille pas assez.*

II. *Il ne doit jamais affermer son censif.*

I. L'EXACTITUDE des opérations du cueilloir intéresse assez essentiellement le Seigneur pour qu'il y veille en personne. Il faut donc qu'il se fasse chaque année représenter le Terrier censuel qui contient les déclarations qui ont été fournies, qu'il se les fasse lire, ayant sous les yeux la transcription qui en aura été faite sur le cueilloir. Elles ne seront pas difficiles à trouver dans le cueilloir, puisque sur chaque déclaration on a dû marquer la page du cueilloir sur laquelle ladite déclaration a été transcrite, & que d'ailleurs toutes les nouvelles déclarations doivent occuper toutes les dernieres feuilles. Il faut qu'il y examine si les causes de mutation sont bien exprimées ; si les reportemens à d'autres feuilles qui étoient à faire en conséquence, ont été faites. Ce n'est qu'une quarantaine ou cinquantaine de déclarations à vérifier, qui lui demandent tout au plus un jour de travail.

I. 2. Il faut aussi qu'il jette un coup d'œil sur tout le cueilloir, & qu'il marque à son Homme-d'affaires les saisies qu'il entend être faites faute d'être servi des cens ou de déclaration s'il y a lieu ; les main-levées qu'il veut bien accorder ; les graces qu'il veut faire sur les profits. On tient état de tout sous sa dictée, on lui en rend compte l'année suivante. Cette visite du cueilloir n'est pas longue : on passe par-dessus toutes les feuilles qui ayant des † marquent que le censitaire n'existe plus à l'égard de la Seigueurie, soit qu'il soit mort ou qu'il ait vendu. A l'égard des autres, tout ce que le Seigneur doit voir est sur la marge à droite.

II. Un Fermier qui trouvera ce censif bien monté, se fera servir d'abord assez exactement ; mais content de recevoir les fruits de sa Ferme, il ne ſentira pas combien il eſt néceſſaire de continuer le travail du cueilloir. Que s'il ne le fait pas, les rentes diminueront peu-à-peu, il ſentira encore moins que cette diminution de titres qu'il ne fait pas venir au chartrier, intéreſſe vivement le Seigneur, & le met en danger de perdre le fruit de toutes les dépenſes qu'il a faites pour mettre ſon chartrier en état. Il n'y a donc point de matiere où l'œil du Maître ſoit auſſi eſſentiel. C'eſt lui qui eſt menacé d'une grande perte, s'il y a de l'interruption dans ce travail; il faut donc qu'il s'y livre, ou qu'il ait un Homme-d'affaires zélé & fidele.

OBSERVATION.

VOILA ſans doute un grand nombre de préceptes, capables même d'effrayer ceux qui ne liroient cet ouvrage que par ſpéculation, & ſeulement pour prendre une connoiſſance détaillée des opérations d'un chartrier; mais ceux qui ſeront chargés de les exécuter les trouveront faciles. Plus les terres ſeront vaſtes, plus ils ſeront à même de procéder d'une maniere ſolide à la rénovation de leurs terriers, & de ne rien laiſſer échapper des connoiſſances qui en feront revivre les droits. Si les terres ne ſont pas d'une auſſi grande étendue que celle d'Onzain, ils auront le plaiſir d'avoir en peu de tems franchi leur route ſans crainte de s'être égarés, & avec la certitude d'avoir tiré tout le profit poſſible des titres qu'ils auront parcourus.

FIN.

APPROBATION.

J'ai lu par ordre de Monseigneur le Garde des Sceaux, un manuscrit, ayant pour titre : *Le Livre des Seigneurs*, ou *le Papier Terrier perpétuel* ; & je n'y ai rien trouvé qui puisse en empêcher l'impression. A Paris, le 20 Septembre mil sept cent soixante-quatorze.

LALAURE.

PRIVILEGE DU ROI.

LOUIS, par la grace de Dieu, Roi de France & de Navarre : A nos amés & féaux Conseillers, les Gens tenant nos Cours de Parlement, Maîtres des Requêtes ordinaires de notre Hôtel, Conseils Supérieurs, Prévôt de Paris, Baillifs, Sénéchaux, leurs Lieutenans Civils & autres nos Justiciers qu'il appartiendra : SALUT. Notre amé le sieur CELLOT, Imprimeur, nous a fait exposer qu'il desireroit faire imprimer & donner au Public *le Livre des Seigneurs*, *ou le Papier Terrier perpétuel*, s'il nous plaisoit lui accorder nos Lettres de permission pour ce nécessaires. A CES CAUSES, voulant favorablement traiter l'Exposant, nous lui avons permis & permettons par ces Présentes, de faire imprimer ledit Ouvrage autant de fois que bon lui semblera, & de le vendre, faire vendre & débiter par-tout notre Royaume pendant le tems de trois années consécutives, à compter du jour de la date des Présentes : Faisons défenses à tous Imprimeurs, Libraires & autres personnes de quelque qualité & condition qu'elles soient, d'en introduire d'impression étrangere dans aucun lieu de notre obéissance ; à la charge que ces Présentes seront enregistrées tout au long sur le registre de la Communauté des Imprimeurs & Libraires de Paris, dans trois mois de la date d'icelles ; que l'impression dudit Ouvrage sera faite dans notre Royaume, & non ailleurs, en beau papier & beaux caracteres ; que l'Impétrant se conformera en tout aux Réglemens de la Librairie, & notamment à celui du 10 Avril 1725, à peine de déchéance de la presente permission ; qu'avant de l'exposer en vente, le manuscrit qui aura servi de copie à l'impression dudit Ouvrage, sera remis dans le même état où l'approbation y aura été donnée ès mains de notre très-cher & féal Chevalier, Garde des sceaux de Fance le Sieur HUE DE MIROMENIL ; qu'il en sera ensuite remis deux exemplaires dans notre Bibliotheque publique, un dans celle de notre Château du Louvre, & un dans celle de notre très-cher & féal Chevalier, Chanceller de France le sieur de Meaupou, & un dans celle dud. sieur Hue de Miroménil ; le tout à peine de nullité des Présentes ; du contenu desquelles vous mandons & enjoignons de faire jouir ledit Exposant, ou ses ayans-cause, pleinement & paisiblement, sans souffrir qu'il leur soit fait aucun trouble ou empechement. Voulons qu'à la copie des Présentes, qui sera imprimée tout au long au commencement ou à la fin dudit Ouvrage, foi soit ajoutée comme à l'original. Commandons au premier notre Huissier ou Sergent sur ce requis, de faire, pour l'exécution d'icelles, tous actes requis & nécessaires, sans demander autre permission, & nonobstant clameur de Haro, Charte-Normande & Lettres à ce contraires : car tel est notre plaisir. DONNÉ à Paris le huitieme jour du mois de Mars l'an mil sept cent soixante-quinze, & de notre regne le premier. Par le Roi, en son Conseil.

LE BEGUE.

Registré sur le registre XIX de la Chambre Royale & Syndicale des Libraires & Imprimeurs de Paris, n°. 3087, fol. 443, conformément au Réglement de 1723. A Paris, ce 17 Juin 1773.

SAILLANT, Syndic.

www.ingramcontent.com/pod-product-compliance
Ingram Content Group UK Ltd.
Pitfield, Milton Keynes, MK11 3LW, UK
UKHW022017170726
13837UKWH00001B/233